COPA BOOKS 自治体議会政策学会叢書

増補・改訂版

これからの

総合

人口減少時代での考え方・つくり方

計画

三鷹市総務部調整担当部長

一條 義治 [著]

イマジン出版

目　　次

はじめに ～初版発行にあたって～ ……………………………… 7

第1部　新たな総合計画策定に向けた政策研究 ………………11
　第1章　人口構成の変化と市財政への影響 ……………………11
　　1　人口の高齢化と高齢者福祉費の影響
　　　　―高齢者数と扶助費の増加は「正比例」の関係が明らかに……11
　　2　人口構成の変化と個人住民税の試算
　　　　―税収額の新たなデータ分析で初めて明らかに …………14
　　　(1)　三鷹市の主要財源・個人市民税の特徴 ………………14
　　　(2)　個人市民税シミュレーションのケース設定 …………18
　　　(3)　新たなデータの活用とシミュレーションの結果 ………21
　　3　確かな政策論議と制度改革のために ……………………24

　第2章　住宅開発と企業誘致の税収効果の分析 ………………27
　　1　住宅・企業の想定モデルによるシミュレーション………27
　　　(1)　住宅開発の税収効果は―戸建て住宅と集合住宅の比較……27
　　　(2)　企業誘致の税収効果は―サービス業と製造業の比較……30
　　2　税収効果分析の結果と今後の取り組みの方向性 …………32
　　　(1)　住宅開発と企業誘致の税収効果の比較と課題 ………32
　　　(2)　都市型産業誘致条例の制定とSOHO支援事業の可能性……33

　第3章　公共施設の老朽化と公的資産マネジメント（PRE）
　　　　　の推進 …………………………………………………34
　　1　都市基盤・都市施設の大更新時代
　　　　―資産マネジメントの必要性とPRE ……………………34
　　2　三鷹市のPREの方向性 ……………………………………35

　第4章　人や企業から「選ばれる自治体」になるために………39

第2部　新たな総合計画策定の取り組み　……………………42

　第1章　三鷹市の計画行政と市民参加の変遷　……………42

　　1　「仕組み」と「あり方」の転換　………………42

　　2　三鷹市の計画行政の始まりと展開　……………43

　　3　「コミュニティ・カルテ」の取り組み　…………43

　　4　「まちづくりプラン」の展開　……………………44

　　5　第3次基本計画策定の市民参加　………………46

　　　(1)「全員公募」・「白紙からの市民参加」の取り組み　……46

　　　(2) 新たな市民参加方式の成果……………………47

　第2章　新たな総合計画のあり方　………………………49

　　1　第4次基本計画の策定方針
　　　　—首長の任期と完全に連動した計画システムに　…………49

　　2　総合計画と連動した個別計画
　　　　—基本計画と20を超える個別計画を同時策定　……………50

　　3　計画素案を策定するプロセスと求められる能力…………52

　　　(1) 計画素案策定のプロセス
　　　　　—選挙後1年で計画を確定　……………………52

　　　(2) 新たな総合計画システムに必要とされること　…………53

　第3章　第4次基本計画の市民参加　……………………55

　　1　多元・多層の開かれた市民参加
　　　　—三鷹市の市民参加の集大成をめざして　………………55

　　　(1) 地域レベルと施策レベルでの参加　………………55

　　　(2) データ集の作成と広報特集号の発行　………………56

　第4章　無作為抽出の市民討議会による市民参加　………59

　　1　みたかまちづくりディスカッションの始まりと展開……59

　　2　新たな取り組みも入れた第4次基本計画策定の
　　　　まちづくりディスカッション　……………………………60

(1) 市民コーディネーター養成講座を開催 ………………60

(2)「100人規模」・「4テーマの同時進行」で討議会を開催……63

第5章　人口減少・低成長の時代の市民参加のあり方 ………66

おわりに（第1部・第2部の結びに）
　〜人口減少時代に総合計画を策定する意義と必要性〜 ………68

第3部（追補）　地方版総合戦略の考え方・取り組み方 ………75
　第1章　第1期の総合戦略と人口ビジョンの考察 ………………75
　　1　地方版総合戦略を「射程」に入れる背景 ………………75
　　2　次期総合戦略策定を表明するも長期ビジョンの見直しは不明…76
　　3　国と合わせて「上方修正」した総合戦略・人口ビジョンの結果…77
　　4　「集権型」の地方創生の仕組みと影響 ………………78
　　5　総合戦略の策定手法と計画のあり方の問題 ………………79
　　　(1)「産官学金労言」の画一的な参加スタイル ………………79
　　　(2) 多様な参加方式で実効性を高める総合戦略づくりを …80
　　　(3) 総合計画と一体として同時策定を ………………………81

　第2章　第2期の総合戦略と人口ビジョンの提案 ………………83
　　1　自治体は「必要な見直し」、国は「時点修正」という対応…83
　　2　「希望値」が変わらないから「時点修正」に ………………84
　　3　根拠と説得力のある本当に必要な総合戦略を策定しよう…87

第3部の結びに
　〜「目的」でなく優れた政策の「結果」として人は増える〜 …89

あとがき ………………………………………………………92

関係資料 ………………………………………………………94

著者紹介 ………………………………………………………95

コパ・ブックス発刊にあたって………………………………97

はじめに ～初版発行にあたって～

　2011年の地方自治法の改正により、市町村に対する基本構想の策定義務が撤廃されたことを受けて、各自治体では、今後の総合計画のあり方を検討する必要が生じた。法定の策定義務がなくなっても引き続き基本構想を策定するのか、あるいは基本構想は廃止し、代わりに基本計画を議会の議決を経て策定するかなど、様々な選択肢があるといえる。

　しかし、このような法改正による制度改正に加えて、自治体の総合計画策定を取り巻く環境は大きく変化しており、自治法改正よりも、むしろ「本質的」な総合計画のあり方の見直しを求められていると考える。

　その環境の変化とは、言うまでもなく人口減少と急速な少子高齢化の進行である。これまでの自治体の総合計画は、右肩上がりの人口の増加とそれにともなう予算や施策の拡大を前提とし、また、それを計画の目標ともしてきた。しかし今後、各自治体は、本格的な人口減少や少子高齢化の進行に直面し、もはやこれまでのような歳入の伸びが見込めないばかりか、歳出面でも高齢者福祉費の激増や公共施設の一斉更新への対応が求められるなど、困難な局面に向かわなければならないのである。

　このような総合計画を取り巻く環境の変化が進む中で、筆者は東京都三鷹市で総合計画の策定を所掌する企画部企画経営課に12年間在籍し、その間、新たな基本計画の策定を2回、改定を2回経験してきた。特に最後は

企画経営課長として、第4次三鷹市基本計画の策定を実務的に総括する役割を担わせていただいた。

　本書は、この第4次基本計画策定に向けた基礎研究から計画の取りまとめに至るまで、三鷹市の取り組みを紹介するとともに、その実践を踏まえた考察を自治体総合計画論の試論（私論）としてまとめたものである。その意味では机上の「べき論」はひとつもなく、担当職員として関わった取り組みと問題意識を述べたものである。

　本書の構成は2部構成となっているが、第1部の「新たな総合計画策定に向けた政策研究」では、計画策定に向けた庁内プロジェクトチームである「三鷹将来構想検討チーム」が報告書にまとめた住民税等のシミュレーションや政策提案について、その分析結果とそれを踏まえた考察をまとめている。

　第2部の「新たな総合計画策定の取り組み」では、これまでの三鷹市の計画策定の変遷とともに、第4次基本計画の計画期間、個別計画との連動等の計画のあり方や、市民参加を中心とした計画策定のプロセスと実践をまとめ、そして最後に、人口減少時代に総合計画を策定する意義と必要性について述べている。

　第1部及び第2部も、いずれも三鷹市という一自治体の取り組みではある。しかし、高齢者の絶対数の増加や、いち早く整備してきた公共施設の老朽化など、三鷹市が新たな総合計画策定において直面する重要な題題は、今後、全国の自治体が向かい合わなければならない政策課題でもある。

　また、昭和40年代から各種の市民参加を実践し、計画策定においても数々の市民参加の手法を開発・導入してきた三鷹市の取り組みは、他の自治体における総合計画

の検討においても課題や論点を提起し、参考になるのではないかと考える。

　本書が、全国の自治の現場において、計画策定やまちづくりに取り組む市民や議員の皆さんに、そして同じ自治体職員の仲間たちに、少しでも役に立てば望外の喜びである。

　なお、本書は、自治体議会政策学会主催で、2013年5月に開催された「第15期 自治政策講座 in 横浜『進む人口減少と自治体の政策〜右肩上がりの成長・発展から発想の転換を』」における筆者の講演の内容を改めて書き下ろしたものである。

　同会の講座は、大学の先生方が講師となるのが通例であるが、この時は自治体職員である私に講演の依頼をいただくとともに、講演の終了後に、竹下譲会長および会場で講演をお聞きいただいた片岡幸三イマジン出版社長より、講演内容をコパ・ブックスとして出版するご提案をいただいたものである。

　最後になったが、このような機会をいただき、また本書の作成にあたっても多大なご尽力をいただいた自治体議会政策学会およびイマジン出版社の皆さまに、この場を借りて感謝したい。

一條義治

これからの総合計画——人口減少時代での考え方・つくり方

第1部　新たな総合計画策定に向けた政策研究

 第1章 人口構成の変化と市財政への影響

　三鷹市では、第4次基本計画の「前提」となる少子高齢化や人口減少が市の財政に与える影響の分析や、政策の方向性などを研究するために、2009年度に庁内のプロジェクトチームとして「三鷹将来構想検討チーム」を設置した。チームでは、人口推計を踏まえた市財政への影響などの各種のシミュレーションを行い、検討結果とともに新たな総合計画策定に向けた政策提案を報告書にまとめている。

　第1部では、チームの分析の手法や検討内容を紹介するとともに、提案の基調となっている三鷹市の取り組みの方向性について説明する。

1　人口の高齢化と高齢者福祉費の影響
　　─高齢者数と扶助費の増加は
　　　「正比例」の関係が明らかに

　検討チームの最初の課題は、三鷹市の人口の変化と市財政への影響の分析であった。つまり、今後、少子高齢化と人口減少が進み、人口構成が大きく変化した時に、市の財政はどのような影響を受けるかを検証することは、新たな総合計画策定の「前提」となる基礎的な条件を明らかにするために不可欠であると考えたからであ

る。

　日本の高齢化の問題は、これまでは地方都市が先行して直面した課題であったが、今後は、先に高齢化した地方では高齢化の変化は緩やかになり、都市部の自治体の方が高齢者の激増を迎えることとなる。

　首都圏に位置する三鷹市も同様の傾向であり、国立社会保障・人口問題研究所（以下、社人研）が公表した全国の市区町村推計人口の三鷹市推計などにもそれが表れている[1]。三鷹市の総人口は、社人研や市独自の推計では、2020年ないし2025年ごろまでは緩やかな増加が見込まれている。しかし、それは子どもや働き世代の増加ではなく、市の人口の増加幅は老年人口の増加に相当しており、急速な高齢化の進行が予想される。

　社人研の推計では、65歳以上の老年人口は2005年の

図表1・三鷹市人口の将来推計（社人研）

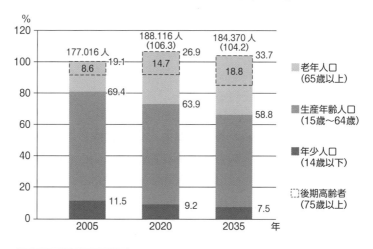

1　社人研の推計人口は、チームの研究時に公表されていた2008年12月の全国市区町村の将来推計人口である。同様に、第1部でのデータ・統計等の引用は、チームの研究時のものである。なお、第1部で紹介するシミュレーションの結果はチームの試論であるとともに、本書における意見の部分は筆者の個人的見解である。

19.1％から2035年には33.7％に急増する。その一方で、14歳以下の年少人口は11.5％から7.5％に、15歳〜64歳の生産年齢人口は69.4％から58.8％に減少する見込みである。特に75歳以上の後期高齢者は8.6％から18.8％に激増して2.2倍に増えることとなり、全国の増加率を大きく上回る予測であった（図表1）。

　このような人口の推計結果を踏まえ、チームでは市財政への影響の歳出面における研究として、高齢化の進行によって扶助費や高齢者福祉費が、どのように増加するかを試算した。具体的には、65歳以上の人口と扶助費等の関係を「回帰式」で分析し、今後の扶助費等の推計値を算出したのである（図表2）。

　その結果、ひとつに児童福祉費と教育費を除く扶助費

図表2・扶助費（児童福祉費・教育費除く）と65歳以上人口との関係

扶助費（児童福祉・教育費を除く）（百万円）

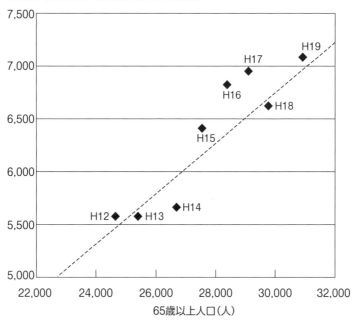

は、65歳以上の人口とほぼ正比例といえる強い相関にあることが明らかとなり、高齢者が一人増えると約30万円増加する傾向であった。この結果に基づいて、推計人口を踏まえた全体の扶助費や高齢者福祉費のシミュレーションを行ったのである。

2　人口構成の変化と個人住民税の試算
　─税収額の新たなデータ分析で初めて明らかに
（1）三鷹市の主要財源・個人市民税の特徴

　次に歳入面の分析としては、高齢化の進行が市の歳入の基盤となっている個人市民税（個人住民税）に、どのような影響を及ぼすかを試算した。

　地方交付税の不交付団体である三鷹市においては、歳入に占める市税収入の割合は概ね60％前後で推移しており、そのうち個人市民税が約50％、法人市民税は５％程度であり、都内の他市に比べても個人市民税の割合が高くなっている（図表3）。

図表3・市税の構成

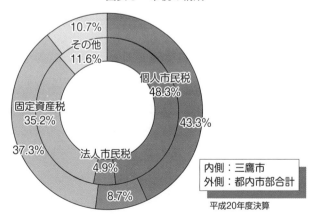

内側：三鷹市
外側：都内市部合計

平成20年度決算

　「企業城下町」のような法人住民税に大きく依存する自治体では、自治体の歳入が景気や特定の企業の業績に

左右されやすいことに比べれば、個人住民税は安定した税源といわれ、また、人口増加に伴い税収増も期待することができた。

しかし、急激な少子高齢化の進行と生産年齢人口が減少する局面において、三鷹市の個人市民税がどのように推移するかを予測するために、複数の前提と条件を設定してシミュレーションを行ったのである。

個人市民税の中長期的な見込みについては、「賃金上昇率」、「年代別賃金カーブ」、「年金給付水準」の３つをケース設定としたが、この設定は三鷹市の個人市民税の傾向とも関係しているため、まずその説明からしたい。

一定の所得があり、個人市民税を納める義務がある「納税義務者」の人数を年齢区分ごとにみると、三鷹市では図表４のように、20代から30代の若い世代が中心となっている。また、個人市民税の年齢区分ごとの税収の合計額は、図表５のように、30代から50代が中心となっている。そして、年齢区分ごとの税収の合計額を、それぞれの区分の納税義務者数で割り返すと、図表６のように税額のピークは50～54歳の層となる。加えて高齢者層も比較的高い納税額の水準を維持し、納税義務者に限ってではあるが、20～34歳の層よりも現役世代ではない60歳以上の層の方が納税額が上まわっていることを、チームの検討によって初めて把握することができた。

納税義務者一人あたりの給与支払金額のデータをみると、図表７のように、現役世代は年功型賃金のとおり50代前半まで右肩上がりで上昇している。しかし、高齢者層は給与額については少ないため、納税義務者の高齢者の収入は、給与以外の年金等の収入や資産の運用・売却などの収入であると思われる。

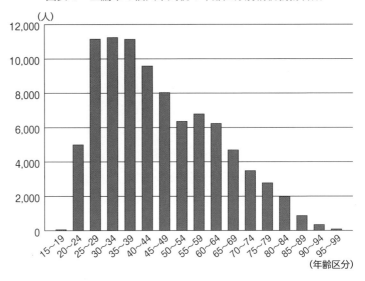

図表4・三鷹市の個人市民税の年齢区分別納税義務者数

（人）

（年齢区分）

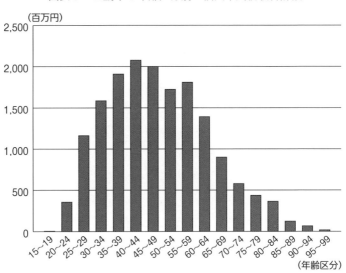

図表5・三鷹市の年齢区分別の個人市民税収合計額

（百万円）

（年齢区分）

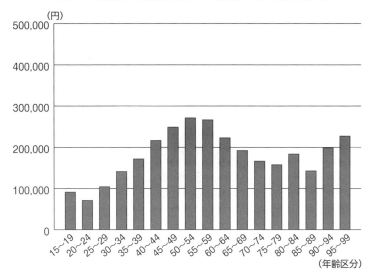

図表6・三鷹市の納税義務者一人当たり個人市民税収額

(円)

(年齢区分)

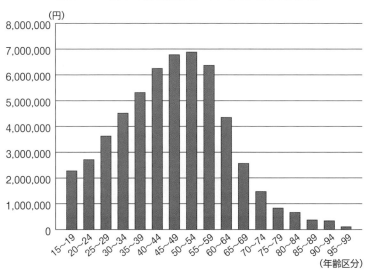

図表7・三鷹市の納税義務者一人当たり給与支払金額

(円)

(年齢区分)

(2) 個人市民税シミュレーションのケース設定

　三鷹市の歳入は、前述のとおり個人市民税に大きく依存している。また、三鷹市のような都市部の自治体の住民税は、住宅やマンション建設などに伴って転入してくる現役世代の人口の増加や、個々の勤労者市民の所得についても年功型の定期昇給や経済成長と連動したベースアップによって、これまでは右肩上がりで増加してきた。さらには退職後も厚生年金等の一定の所得がある高齢者によっても、住民税は支えられてきた。

　しかし、これからの高齢化と低成長時代においては、賃金上昇率、右肩上がりの賃金カーブ、そして高齢者の所得の中心である年金給付水準の各条件について、厳しい予測も含めた多様なケースを設定し、シミュレーションを行うことが必要と考えた。

　まず賃金上昇率について、国税庁の「民間給与実態統計調査」によると、ここ10年余の民間企業の平均給与は微減傾向が続いている（図表8）。そこでシミュレーションにおいては、現役世代の実質賃金上昇率を、これまでのような「1％」の前提のほか、「0％」、つまり実質賃金が伸びない条件も設定した。

　次に年功型の賃金については、これまでは年齢が上がれば定期昇給等によって賃金が増えてきたが、近年、賃金カーブのフラット化が進み、特に40歳代以降において賃金の伸びが抑えられる傾向が顕著である（図表9）。そこで、年代別賃金カーブが現行のままの条件と、フラット化が進む条件を設定した。

　3つ目の条件は、年金給付水準を踏まえた高齢者からの個人市民税の税収についてである。国による年金給付額の見通しでは、現行は現役世代の平均手取り賃金の60％程度の年金が給付されているが、「経済中位」の「基

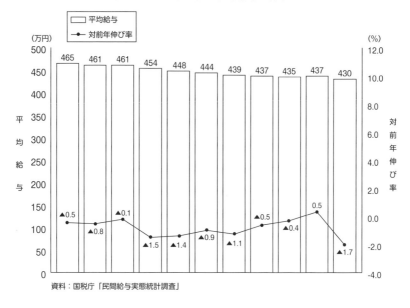

図表8・民間企業の平均給与の推移

資料：国税庁「民間給与実態統計調査」

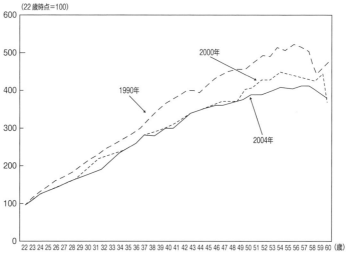

図表9・男性標準労働者（大卒）の賃金カーブの推移

資料：厚生労働省「労働経済白書」

本ケース」の場合、現在より給付額が約2割抑制される
ものの、現役世代の所得に対して50%を確保できる予測
となっている（図表10）。しかしこの「基本ケース」の設
定としては、経済前提における賃金上昇率を名目2.5％・
実質1.5％、運用利回りを名目4.2％・実質3.2％とするな
ど、近年の実績値に比べてかなり高い条件であると考え
た。

　そこで国の見通しでは、「経済低位」の「基本ケース」
の場合は、給付額が3割抑制されると試算していること
から、シミュレーションでは将来の年金給付抑制を見据
えた高齢者の税収を、「2割減」のケースとともに、よ
り厳しい「3割減」のケースを設定することとした。

図表10・標準世帯の年金給付金額の見通し

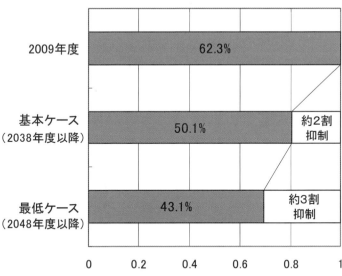

注：「基本ケース」は出生中位・経済中位、「最低ケース」は出生下位・経済
下位の場合
資料：社会保障審議会・年金部会資料（2009年財政検証結果）

(3) 新たなデータの活用とシミュレーションの結果

ところで、先に示した年齢区分ごとの個人住民税収額や納税義務者一人当たりの税収額の図表やデータについては、税の担当課の職員も含めて「初見」なのではないだろうか。

というのも、検討チームにおいて、人口の変化に見合った個人市民税の予測をするためには、現在の年齢区分ごとのデータが不可欠であると考えたが、当時、そのようなデータは他の自治体のものも含めて見つけることができなかった。

市民税課においては、普通徴収や特別徴収の「徴収方法別」や、給与所得者や営業等所得者などの「所得者区分別」、あるいは課税標準額の「金額段階別」の納税額のデータなどについては、納税義務者一人当たりも含めて、毎年、細かく算出している。

しかし、年齢区分ごとの個人市民税額については、通常の課税業務において必要性がなかったのである。そこで、税の担当部署にチームの研究の趣旨と目的を理解してもらい、個人情報に配慮した上で、このデータを初めて作成したのである。その結果、三鷹市では、現役の若い世代よりも退職後も納税義務者になっている高齢者の方が納税額が高いことなどが、初めて明らかになったのであった。

今では、市議会などでも高齢化の進展による市民税への影響などの質問も出され、このようなデータを活用する機会が増えているところである。

また、チームでは他の自治体の住民税の推計の手法も調べたが、都内の市や区などでは「総人口の増減」に連動して住民税の推移を算出する方法が用いられていた。しかし、この手法では人口の増加や減少は反映しても、

三鷹市の人口の変化のように、より大きな要因である少子高齢化の人口構成の変化による住民税の影響を反映するものとはならないと考えた。

そこで、現在の年齢区分別納税義務者一人当たりの個人市民税収額をベースとして、賃金上昇率等のケースに基づく複数の設定値を算出し、それを推計人口に基づく年齢区分別納税義務者数の推計値に乗じることによって人口構成の変化に見合った住民税予測を行うという、全国でも初めての手法を用いたのである（図表11）。

図表11・個人市民税シミュレーションのフロー

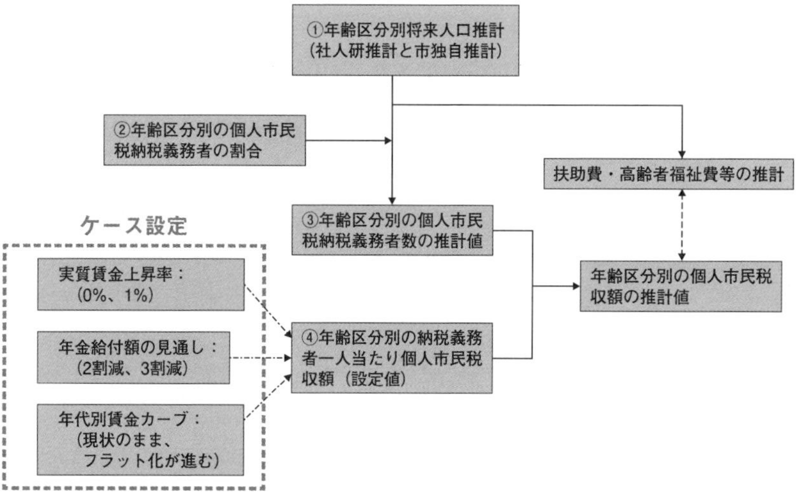

ケース設定は、賃金上昇率（実質賃金上昇率０％または１％）、年代別賃金カーブ（一人当たり税額は54歳までは右肩上がりで現状維持または45歳以降は従来の半分の伸び）、そして年金給付水準を踏まえた高齢者の個人市民税（2035年には２割減または３割減）の３つを設定の条件とし、それぞれを楽観と悲観の場合を組み合わせて合計８パターンで推計を行った（図表12）。

図表12・個人市民税シミュレーションのケース設定

実質賃金上昇率	0％		1％	
年金給付水準（2035年）	3割減	2割減	3割減	2割減
年代別賃金カーブ　フラット化が進む	パターン① 悲観 ケース	パターン③	パターン⑤	パターン⑦
現状のまま	パターン②	パターン④	パターン⑥	パターン⑧ 楽観 ケース

　人口については社人研と市の独自推計の2種類で行っているが、本書では、同じ手法による比較も可能であることから、全市区町村の推計人口が公表されている社人研の人口に基づく試算結果を紹介する。

　シミュレーションの結果は、8パターンのうち最も良い条件を並べた楽観ケース（パターン⑧）では、今後も個人市民税は増加する結果となった。しかし、前述した手法による扶助費の推計値を合わせてみると、扶助費は高齢化に伴って大きく増加するため、個人市民税に対する扶助費全体の割合は2005年の約60％から2035年の約85％に増え、楽観ケースでも財政の硬直化が進む傾向が顕著であった（図表13）。

　また、最も条件が悪い悲観ケース（パターン①）では、2010年以降は人口が増えても個人市民税は逓減していくとともに、ついには増加する扶助費が個人市民税を上回るという、これまでは想像さえしなかった結果となったのである[2]（図表14）。

2　市の独自推計の人口に基づくシミュレーションの結果は、高齢化が社人研推計よりも緩やかであるため、市民税の減少や扶助費等の増加の傾向も緩やかなものになっている。つまり、この手法は、総人口や高齢化の推移等の諸条件や前提条件によって、その結果は変わるものであることに留意する必要がある。

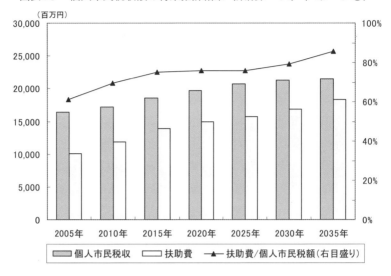

図表13・個人市民税収額の将来推計結果（楽観ケース）（パターン⑧）

図表14・個人市民税収額の将来推計結果（悲観ケース）（パターン①）

3 確かな政策論議と制度改革のために

　このシミュレーションにおける「悲観ケース」は、最も悪い条件を並べたものであるが、各自治体においても

「あり得ないケース」ではないと考える。

　先に述べた通り、ここ10年間の平均給与は減少している実態とともに、これまでの長期的な経済状況を踏まえると、今後、継続的に賃金水準が上昇していくシナリオは描きにくいところである。

　また、高齢者の所得の中心である年金についても、国の「基本ケース」は運用利回り等について、近年の実績値に比べてかなり高く設定されていることから、現実には下振れする可能性も想定する必要があろう。

　つまり、これからの自治体経営や総合計画を考えるとき、しばらくは人口が維持・増加する都市部の自治体においても、「悲観ケース」も含めた政策や計画のあり方の検討が必要と考える。加えて都市部の自治体は、団塊の世代の高齢化による歳入の減少と高齢者福祉費等の急増に直面するために、地方都市よりも、むしろ経営は厳しくなるのである。

　昨今は、一部の首長や議員から「住民税の恒久減税」の主張もなされているが、将来を見通した自治体経営や総合計画のあり方を考えるうえで、少子高齢化や人口減少の実体に見合った将来的な歳入・歳出の見通しなどのデータを市民や議会に提示し、それに基づく「確かな政策論議」を行う必要があると考える。

　また、これまでは、都道府県の税収は法人所得に依存する割合が高いため景気等の影響を受け不安定であるのに対して、個人住民税とともに固定資産税を中心とした市町村の税収は比較的安定しているといわれてきた。

　全国知事会がまとめた「地方財政の将来推計」でも、今後の都道府県の歳入は微減であるのに対して市町村の歳入は増加すると予測するとともに、社会保障関係など増大する歳出に対する財源不足額については、都道府県

は市町村の約2倍の不足額になると算出している。

　しかし、今後市町村は、団塊の世代が全て後期高齢者となる「2025年問題」や子育て施設整備などの少子化問題への対応、さらには高度成長期に整備した公共施設・都市基盤の一斉更新への対応など、避けがたい歳出の拡大要因に直面する。

　一方で、歳入は三鷹市のシミュレーションのように、今後、市町村の住民税は高齢化や人口減少によって、都市部の自治体も含めて厳しい状況が予測されるのである。

　そこで、国・地方を含めた税財政制度の改革においては、今後の高齢社会を第一線で支え、地域福祉を担う市町村の税財源への配慮とともに、例えば消費税についても税率だけでなく、少子高齢社会における安定した財源として引き続きそのあり方を検討する必要があると考える。つまり、「税収の変動が激しい税目は国税に、安定的な税目は地方税に」という、国際標準ともいえる税源配分の原則に基づいた制度改革の議論が必要であると考える。

住宅開発と企業誘致の税収効果の分析

1　住宅・企業の想定モデルによるシミュレーション

　三鷹市の税収は、第1章で述べたとおり個人市民税に大きく依存する構造となっており、税収を支える人口構成の変化により、税収減という「リスク」の可能性も示唆された。そこで検討チームでは、市の財政基盤の強化・確立に向けた調査・分析として、住宅開発と企業誘致の税収効果のシミュレーションと比較検討を行った。

　以下では、住宅開発と企業誘致の税収の試算結果について紹介する。

(1) 住宅開発の税収効果は
―戸建て住宅と集合住宅の比較

　住宅開発の税収効果のシミュレーションは「平均的」な物件をモデルとするのではなく、戸建ての住宅開発と集合住宅開発において、特に「高品質・高環境」の住宅を誘致・誘導する政策的方向性も踏まえて、いずれも市内の一定規模の開発で、特に高いレベルの住宅開発の事例から想定モデルを設定した。

戸建て住宅

戸建ての住宅開発は、100戸規模で環境や景観にも配慮した、「高品質」の優良分譲住宅を想定モデルとした。

シミュレーションの結果、固定資産税・都市計画税、個人市民税の合計は、住宅を購入した世帯の年収を、販売価格を踏まえて1,300万円と想定したケースでは年額で72,213千円、同じく世帯年収1,000万円と想定したケースでは55,968千円となり、敷地（開発）面積当たりでの税収効果は、それぞれ4,513円と3,498円となった（図表15）。

図表15・戸建て住宅開発の税収効果

■物件概要（想定モデル）

交通	JR中央線「三鷹駅」バス15分
開発面積（㎡）	16,000
土地面積（㎡／戸）	140
建物延床面積	95㎡（1戸）
間取り	4LDK中心
構造	木造2階建
総戸数（戸）	95
平均分譲価格（千円）	65,000

■固定資産税・都市計画税、個人市民税のシミュレーション結果

	ケース1	ケース2
固定資産税・都市計画税（千円）	11,366	11,366
個人市民税（千円）	60,848	44,603
合計（千円）	77,213	55,968
敷地（開発）面積当たり額（円/㎡）	4,513	3,498

※ケース1は世帯年収1,300万円、ケース2は1,000万円

集合住宅

　集合住宅については、駅近くの「高品質」の３階建ての低層のマンションを想定モデルとした。

　その結果、固定資産税・都市計画税、個人市民税の合計は、販売価格を踏まえて世帯年収1,600万円と想定したケースでは年額で33,737千円、同じく世帯年収1,300万円と想定したケースでは28,391千円となり、敷地面積当たりでの税収効果は、それぞれ14,057円と11,829円であった（図表16）。

図表16・集合住宅開発の税収効果

■物件概要（想定モデル）

交通	JR 中央線「三鷹駅」徒歩10分
構造・階建て	RC ３階建地下１階建
総戸数（戸）	33
敷地面積（㎡）	2,400
建築面積（㎡）	1,040
建築延床面積（㎡）	3,390
占有面積（㎡）	80
平均分譲価格（千円）	76,000

■固定資産税・都市計画税、個人市民税のシミュレーション結果

	ケース１	ケース２
固定資産税・都市計画税（千円）	7,254	7,254
個人市民税（千円）	26,483	21,137
合計（千円）	33,737	28,391
敷地面積当たり額（円／㎡）	14,057	11,829

※ケース１は世帯年収1,600万円、ケース２は1,300万円

(2) 企業誘致の税収効果は
—サービス業と製造業の比較

　企業誘致については、サービス業と製造業で税収効果を比較分析した。

　サービス業のケースとして、市内の事例等を踏まえて複数年度の税収を試算したが、景気等の影響による企業収益の変動によって、年度ごとの税収にも大きな違いがあった（図表17）。

図表17 ・サービス業誘致の税収効果

	ケースA年度	ケースB年度	ケースC年度	ケースD年度
固定資産税(千円)	97,000	97,000	97,000	97,000
法人市民税(千円)	23,000	148,000	184,000	278,000
合計（千円）	120,000	245,000	281,000	375,000
敷地面積当たり額（円／㎡）	12,631	25,789	29,578	39,473

※企業の物件は、土地9,500㎡、建物20,000㎡を想定

なお、製造業を誘致したケースについては三鷹市では事例が少ないため、工業統計等を用いた想定モデルとした。また、法人市民税、固定資産税に加えて、雇用者所得増による個人市民税額についても試算した。

その結果、雇用が発生することによる個人市民税までを見込んだ場合、年額で3億9,500万円の税収を見込むことができた。これは、サービス業の税収効果のうち、最も税収が高かった年とほぼ同水準である（図表18）。

図表18・製造業誘致の税収効果

①法人市民税		188.0	百万円
②固定資産税・都市計画税		28.4	百万円
	土地	20.6	百万円
	家屋	2.6	百万円
	償却資産	5.2	百万円
③個人市民税		178.7	百万円
④税収計（①＋②）		216.4	百万円
敷地面積当たり額（円／㎡）		216,400	円／㎡
⑤税収計（①＋②＋③）		395.1	百万円
敷地面積当たり額（円／㎡）		39,510	円／㎡

※敷地面積10,000㎡で製造業立地を想定
※業種は特定せず、設備投資・生産性・雇用は市内の製造業の平均的な水準とする。
※雇用者数1,600人、うち市内雇用率50％と想定

2 税収効果分析の結果と今後の取り組みの方向性
(1) 住宅開発と企業誘致の税収効果の比較と課題

　住宅開発と企業誘致の税収効果を比較した場合、今回試算したケースでは、価格の高い集合住宅のモデルと比較しても敷地面積当たりで税収効果が高いのは企業誘致であった。住宅が最も高い水準で14,000円程度であるのに対して、企業では30,000円台を見込めるケースもあった。

　加えて企業誘致には、法人市民税等の税収効果に加え、雇用機会の確保・増大や、地域経済の活性化によるまちのにぎわいの創出という波及効果も期待できる。特に三鷹市の税収の構造は、個人市民税に約50％も依存しているのに対して、法人市民税は5％程度しかなく、今後の高齢化の進行を考えると、法人市民税の割合を少しでも高めることは、税収減のリスクへの備えとして不可欠であると考えた。

　ただし、企業誘致の税収効果については、景気の影響を受けるなどの大きな不安定要因がある。一方、住宅誘致による税収増は、毎年度の税収としては安定したものであるが、保育園や学校施設の整備など、福祉や教育等の新たな施設整備や行政サービス提供のため歳出拡大の要因にもなる。つまり、それぞれの誘致策のメリット・デメリットやリスクをトータルに捉えて、バランスの取れた取り組みが必要であると考える。

　結局、住宅と企業の存在は密接不可分の関係であり、高齢社会におけるまちづくりのあり方としてはコンパクトな職住近接型が望ましく、住と産業のバランスのとれた、人や企業から選ばれる魅力あるまちづくりを進めることが必要であるといえる。

（2）都市型産業誘致条例の制定と
　　SOHO支援事業の可能性

　三鷹市では、前述の企業誘致等の税収効果分析などを含む検討チームの報告書をまとめたのち、2010年に「都市型産業誘致条例」を制定し、環境配慮型・研究開発型の産業やコンテンツ関連産業などの誘致を進めている。

　また、市の産業政策としては、1998年からSOHO（Small Office/Home Office）支援事業を他の自治体に先駆けて推進してきた。

　主婦やリタイアした高齢者が市の支援を受けてSOHO起業をすれば、実質的な「生産年齢人口」の増加となる。また、対外的にも三鷹市のSOHO支援事業を魅力的にアピールすることは、起業希望者の三鷹市への誘致につながり「人口誘導策」ともなる。

　生産年齢人口が減少する局面において、SOHO支援事業は、これまでにも増して意義と効果が期待される政策であると考える。

公共施設の老朽化と公的資産マネジメント（PRE）の推進

第**3**章

1　都市基盤・都市施設の大更新時代
—資産マネジメントの必要性とＰＲＥ

　検討チームでは、少子高齢化の進行による人口構成の変化が市の財政へもたらす影響のほか、もう一つの大きなリスク要因として、人口問題と同様に今後全ての自治体が向き合わなければならない課題について検討した。それは、「資産ストックの老朽化」と「公的資産の維持・更新費用の増大」の問題である。

　国による公的不動産に関わる制度改革も行われて、地方財政健全化法の施行により、従前のフロー指標に加え、実質的な負債に関するストック指標の開示も求められるようになった。加えて、公会計制度改革により、自治体においても企業会計と同様に財務４表の作成が求められた。また、「管理から経営へ」の流れの中で、所有する資産の有効活用は必須の課題となっている。

　民間企業では、バブル経済の崩壊、地価の下落などの経験を経て、従来の「含み経営との決別」を進めてきた。土地や株式が右肩上がりで上昇することによって成立していた含み経営は、その前提が崩れ、土地や株式という資産がリスクとして認識されるようになったのである。

　そこで民間企業では、なるべく不動産を所有せずに、アウトソーシングやリース、証券化などの手法によって経営を行う「オフバランス」が進められた。

　こうした考え方に基づく民間企業の取り組みをCorporate Real Estate（ＣＲＥ）と呼び、企業の資産戦略として定着してきた。つまり民間企業では、不動産を

「持つ」ことから「活用」することに転換が図られてき
たのである。

　このような民間企業の資産マネジメントの手法を公的
不動産にも適用し、公的不動産を最大限に有効活用しよ
うとする取り組みをPublic Real Estate（ＰＲＥ）と呼び、
国や自治体でも取り組みが始まっている。

　ＣＲＥは、企業価値の最大化を図るための手法である
のに対して、ＰＲＥは、行政サービスの効率化を図り、
費用対効果、つまりバリュー・フォー・マネー（ＶＦＭ）
を最大化するための手法であるといえる

2　三鷹市のPRE の方向性

■築40年の施設が2012年と2014年にピークに

　全国に先駆けて下水道の100％整備を行った三鷹市は、
高度成長期にいち早く整備した都市基盤や都市施設の老
朽化が進むこともあり、将来を見据えた計画的な取り組
みが求められている。

　三鷹市において築40年を迎える公共施設の延床面積
は、先駆けて都市施設の整備を行ったため、他の自治体
よりも早くそのピークが到来する。1971年と1973年に建
設した施設が2012年と2014年に築40年を迎え、それぞれ
25,000㎡に近い水準に達する。その後も毎年、ほぼ5,000
㎡から10,000㎡の水準で公共施設が築40年を迎えること
になる（図表19）。

　また、図表20のグラフは、三鷹市における高齢者福祉
サービス受給年齢の65歳～69歳と、義務教育年齢の10
歳～14歳の年齢層の人口推計を示したものである。長期
的にみれば義務教育年齢層は減少し、高齢者福祉サービ
ス受給年齢層は増加しており、その差は2035年には9,800
人にも拡大する。

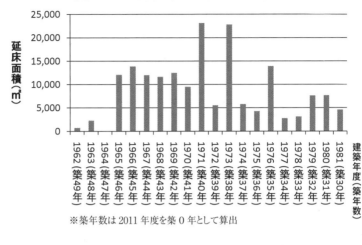

図表19・三鷹市の施設の築年数別延床面積

※築年数は 2011 年度を築 0 年として算出

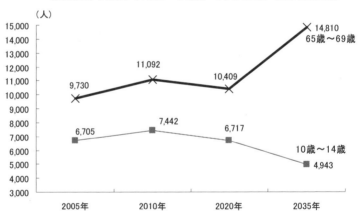

図表20・三鷹市の高齢者福祉サービス受給年齢層（65歳〜69歳）と
義務教育年齢層（10歳〜14歳）の人口推計（社人研推計）

　これまでも学校の建替え等においては、例えば、教室を他の用途にも柔軟に転換できる設計にするなどの取り組みを進めてきた。今後は、高齢者福祉サービス受給年齢と義務教育年齢の地域ごとの推計人口なども踏まえて、義務教育施設と高齢者福祉施設のあり方を検討していくことも求められる。

■公共施設の一元的な管理を行う「公共施設課」を設置

三鷹市では、従前は、公有財産の管理は総務部管財課が、市長部局の施設の工事・営繕は都市整備部まちづくり建築課が、そして教育施設の工事・営繕は教育部施設課がそれぞれ所管し、「縦割り」の役割分担となっていた。

そこで2008年に、公共施設の一元的な管理を行う組織として都市整備部に公共施設課を設置し、従前、各課が所掌していた関連業務の集約を行うとともに、公共施設のデータベース・シムテムの構築や公共施設維持・保全計画の策定を始めとした総合的な取り組みを進めている（図表21）。

今後は、公会計制度改革や自治体財政健全化法の施行を踏まえ、資産・債務に関する実態把握と固定資産台帳の整備等を行うとともに、これらの取り組みを進める中で、公的不動産の合理的な所有・利用に関するPRE戦略の確立を図り、売却、貸付、転用、建て替え、そして

図表21・三鷹市のPRE推進体制

従前の組織（個別管理体制）

公有財産（土地・建物）の管理	市長部局の施設の工事・営繕	教育施設の工事・営繕
総務部 管財課 （管理係）	都市整備部 まちづくり建築課 （建築係）	教育部 施設課

新組織（一元的管理体制）

公有財産（土地・建物）の管理	市長部局の施設の工事・営繕	教育施設の工事・営繕
公共施設の一元的な管理を行う組織（都市整備部公共施設課）		

継続使用など、市が保有する不動産の合理的な利活用を
進めることが重要な課題となっている。

人や企業から「選ばれる自治体」になるために

　2010年６月に確定した『三鷹将来構想検討チーム報告書』は、そのサブタイトルを「人や企業から『選ばれる自治体』になるために」としている。

　それは、新たな総合計画となる第４次基本計画において、市が目指すべき方向性を示唆しているものでもある。

　報告書の終章の政策提言の中では、「選ばれる自治体」となることの必要性を、ひとつのデータを用いて説明している。それは、近年の三鷹市の年齢階級別の人口の推移を示したグラフである（図表22）。そこに表れているのは、市の人口動態の大きな特徴として、20代から30代前半までの市民の減少が続いていることである。

図表22・三鷹市の年齢階級別人口の推移

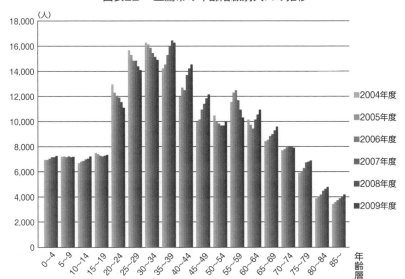

さらに、もう少しスパンを長くとって、計画策定時に直近であった2005年の国勢調査と、その10年前となる1995年の国勢調査における市の年齢階級別人口を比較するグラフを作成した（図表23）。このグラフでは、10年間に20代から30代までの世代が大きく減少していることが、より顕著に表れている。

図表23・三鷹市の人口構成の変化（1995年→ 2005年）

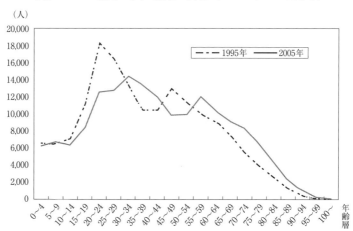

この理由は、例えば進学等で三鷹市に居住していた若年世代の、就職・結婚・出産を契機とした市外への転出や、市内の住宅事情の変化、工場等の移転、寮の減少など、複合的な要因が考えられる。

これまで三鷹市は、全国初となる株式会社が運営する公設民営保育園を設置するなど保育定数の拡大を図り、多様な機関と連携して子育て支援施策の拡充を進めてきたが、人口動態をみる限りは、若い世代に「選ばれる自治体」にはなっていなかったのである。

今後、市内の生産年齢人口が減少し、三鷹のまちづくりを担う若い世代が減っていくことが予想されることか

らも、市内で暮らす若い世代が結婚や出産後も引き続き三鷹市で暮らしたいと思えるように、女性の就業率の向上やライフスタイルの変化に対応した子育て支援施策の一層の拡充が必要であると考える。

　今後、三鷹市が、「持続可能な都市経営」を確立するためには、「政策力」に基づく独自施策の展開によって他の自治体との差別化を図り、「人や企業に選ばれる自治体」となり、それが市の財政力・人材力の維持・向上と、新たな投資と魅力ある施策の展開につながるような循環のサイクル（図表24）を形成することが必要であると、チームの報告ではまとめている。

図表24・持続可能な都市経営のためのサイクル

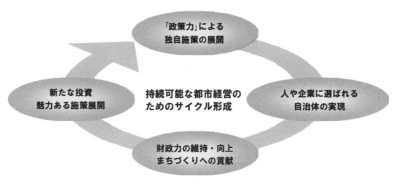

　その後、市では計画の「討議要綱」や各素案に、10年間の人口構成の変化の図表23を示して問題提起を行い、またそれを全戸配布の広報特集号にも掲載して、「生産年齢人口層の市民に選ばれるまちづくり」という、これまでにない政策の方向性を打ち出した。最終的に確定した第4次基本計画でも、計画の「総論」における「計画の前提となる7つの潮流と施策の方向」のひとつに、それを明確に位置付けたのである。

第2部 新たな総合計画策定の取り組み

第1章 三鷹市の計画行政と市民参加の変遷

1 「仕組み」と「あり方」の転換

第1部では、検討チームの分析と報告を踏まえて、総合計画の策定を取り巻く「環境」の変化に対する認識と、今後必要となる政策の方向性について述べてきた。その「環境」の変化とは、右肩上がりの人口増加とそれにともなう財政規模及び施策の拡大という、これまでは総合計画策定の「前提」としていたものが、ここで大きく転換することであった。

そして今、自治体の総合計画は、このような「前提」の転換に加えて、計画期間や構造、そして策定の方法など、いわば「仕組み」と「あり方」についても転換が求められている。

そこで第2部では、三鷹市の第4次基本計画策定の実践を通して、これからの自治体総合計画の「仕組み」と「あり方」についての問題提起と提案を述べるものである。

なお、第4次基本計画の策定の取り組みを述べる前に、まずは第3次基本計画までの三鷹市の市民参加を中心とした計画策定の変遷について説明したい。なぜならば、第4次基本計画で新たに取り入れた計画の「仕組み」と「あり方」、そして特に市民参加の実践については、第3

次基本計画までの蓄積とその検証が大きく関係している
からである。

2　三鷹市の計画行政の始まりと展開

　三鷹市では、1969年の地方自治法改正による基本構想
の策定義務化に先立ち、本格的な計画行政としては1966
年に中期財政計画を策定し、公共下水道100％整備など
の都市基盤整備の方針を掲げた。1971年には第2次中期
計画を策定するとともに、1969年の自治法改正を踏まえ
て基本構想策定室を設置し、1975年に初めての基本構想
を市議会で議決し、1978年には第1次基本計画を策定し
た。

　その後、それぞれ第2次となる基本構想と基本計画を、
1990年と1992年に策定したのに続き、新たな世紀の総合
計画として、2001年に第3次の基本構想と基本計画を策
定している。

3　「コミュニティ・カルテ」の取り組み

　三鷹市は、全国初の公共下水道100％整備の次のリー
ディング施策として、コミュニティ行政を1970年代の初
めから進めてきた。

　具体的には、市域を中学校区に相当する7つの「コ
ミュニティ住区」にゾーニングし、住区ごとに全国初の
本格的な複合施設となるコミュニティ・センターを建設
した。そして、コミュニティ・センターの管理運営を地
域の住民自治組織である「住民協議会」の自主管理に委
ね、センターをまちづくりの拠点として地域のコミュニ
ティづくりを進めてきた。

　さらに、「コミュニティ・カルテ」の策定を住民協議
会が担って以降、住民協議会が総合計画策定の市民参加

において大きな役割を果たしてきたのである。

　1979年から取り組みを始めたコミュニティ・カルテの作成は、文字通り、住民協議会がコミュニティ住区内の生活環境診断を行ってコミュニティ・カルテとして報告書を取りまとめ、それを受けて、市が策定する基本計画や実施計画に反映させる手法である。

　コミュニティ・カルテは、アンケート調査、実地調査（フィールドワーク）、そして地域集会の手法によって作成していく。コミュニティ・カルテは、戸別の陳情対応や従来の行政主催の公聴会・対話集会のような方法に比べて、地域の問題をよりトータルに把握し、それを計画や施策に反映させることができる。例えば、公園の不足や、より日常的な問題であるガードレールや街路灯の設置などについても、カルテの報告書で作成した地域マップに基づき計画的な整備につなげている。

　またコミュニティ・カルテは、市民自身の手によって地域の問題や要望が集約・分析され、それが行政に対する要望にとどまらず、住民協議会の活動計画に結びついていく点でも画期的なものであった。

4　「まちづくりプラン」の展開

　市民参加の新たな手法として先駆的・画期的であったコミュニティ・カルテも、1979年と1984年の実施計画の策定ごとに２回行うと、その問題点や課題も見えてきたのである。

　例えば、コミュニティ・カルテで要望された課題によっては、都道の拡幅やバス路線の新規開設など、実現が困難であったり、すぐには実行できないものもある。しかしカルテを実施するたびに、このような要望は重ねて出され、それに対して市は「努力中・検討中」のよう

な回答になるため、同じことの繰り返しとなってしまう。

　また、コミュニティ・カルテは市民の希望値を集約したものであるが、それは市民の要求を羅列したものとの見方もある。まちづくりは行政だけで行うものではなく、市民との協働や市民自身の自治的な活動が不可欠であるが、コミュニティ・カルテは、「要求する市民」と「それを承る行政」という構図を形成してしまう側面もあった。

　加えて、コミュニティ・カルテの手法から、どうしても地域の「マイナスの点」を列挙し、それを強調する傾向がある。まちの要素には「マイナスの点」もあれば「プラスの点」もあり、それをトータルに捉え、新たな価値を見出して将来のまちづくりをイメージすることが必要である。しかし、カルテを通したマイナス点の強調では、その方向に向かいにくいという課題が見えてきたのである。

　このような問題点や課題を踏まえて、第2次の基本構想と基本計画の策定を射程に入れた1988年の3回目のコミュニティ・カルテの実施にあたっては、従来のカルテに加えて、「まちづくりプラン」の策定という新たな手法を導入したのである。

　まちづくりプランは、コミュニティ・カルテで現況を把握した後、10年後のコミュニティ住区の将来像を検討し、福祉や生涯学習などのソフト面だけでなく、道路や公園整備のようなハード面についても住民協議会がモデル事業案を策定するものである。特にハード面では各住区でモデル事業地区を2～3か所選定し、具体的な事業案をイメージパースとしてビジュアルに描くのである（図表25）。

　こうして、1990年にまちづくりプランは策定されたが、市はこれを基本計画・実施計画や個別計画に最大限に反

映させ、ほとんどの提案が事業化されるに至っている。

図表25・まちづくりプランのモデル事業例

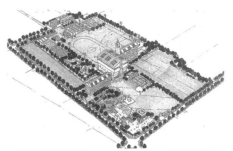

▲西部地区住民協議会　まちづくりプラン「学校公園」

▲新川中原住民協議会　まちづくりプラン「丸池復活」

5　第3次基本計画策定の市民参加
(1)「全員公募」・「白紙からの市民参加」の取り組み

　三鷹市は、2001年を初年度とする第3次の基本構想と基本計画の策定においては、「白紙からの市民参加」「原案策定以前の市民参加」と呼ばれる新たな市民参加方式を開発・導入した。それは、全員公募の市民375名が参加する市民会議「みたか市民プラン21会議」と市が「パートナーシップ協定」を締結し、市民会議の提言をもとに市が基本構想・基本計画を作成する方式である。

　従来の市民参加の問題点としては、行政の作成した計画素案に対する個別意見の表明にとどまっており、素案

策定段階での市民の関与は限られている。また、計画素案を検討する審議会は主として既存の組織・団体の代表者などによって構成され、広範な市民の意見の反映に制約があるとの課題があった。

そこで、計画策定においては、まず全員公募の市民会議が提言を取りまとめ、それに基づいて行政が計画案を策定するという、従前とは「逆転」したプロセスとなる市民参加方式を試みたのである。

そして、市民会議と市が締結した「パートナーシップ協定」は、それぞれの責務と役割を定めたものである。

市民会議の責務・役割は、市民の意見を幅広く集め市民相互の意見調整に努めるとともに、会議の内容や成果について情報を公開し、1年間の期限で市に提言書を提出することであった。

市の責務・役割は、市民会議に対して活動に必要な場所、情報、経費の提供や調査活動の支援を行うこと。また、提言内容を最大限に計画の素案に反映させ、反映できない場合はその理由を提示するとともに、計画素案に対する市民会議からの意見を受けて計画内容を調整することであった。

(2) 新たな市民参加方式の成果

この「パートナーシップ協定」による白紙からの市民参加は、全員公募方式を採用したこともあって、若い世代も含めてこれまで市政に参加の経験のなかった市民や、研究者やマスコミ関係者、建築家などの専門的な知識・経験を持つ市民が多数参加した。その結果、これまでになく専門的・独創的で多様な意見が盛り込まれた提言書を作ることができた。

その後、この全員公募・パートナーシップ方式は、多

くの自治体において、総合計画策定や自治基本条例制定などの市民参加において導入された。

　また市は、「パートナーシップ協定」で定めた、計画づくりに必要な情報提供の責務を確実に果たすために、『三鷹を考える論点データ集』と『三鷹を考える基礎用語事典』を発行している。

　これは、市民各層がそれぞれの視点や関心・動機から地域の課題を提案し、計画策定過程に関与することができるように、①行政内部や行政と市民との間で問題となっている「争点情報」、②計画立案に不可欠な統計や地図データ、近隣市との比較に関する「基礎情報」、③個別計画の検討に必要な「専門情報」が必要であるとの提案に基づいて作成したものである。

　これらは、庁内の若手・中堅の職員による作成チームによってデータ集めから編集まで行われるが、その後、三鷹市の基本計画の策定や改定に当たって必ず発行されることになった。また、この「データ集」は、他の自治体でも様々なスタイルで作成されるようになり、全員公募・パートナーシップ方式とともに、「三鷹方式」の市民参加の手法として広く普及していったのである[3]。

───────────
3　「みたか市民プラン21会議」による計画策定については、一條義治「『パートナーシップ協定』による市民参加方式の一考察」(『地方自治職員研修 臨時増刊号・住民参加の考え方・すすめ方』2003年、公職研) 参照。

第**2**章　新たな総合計画のあり方

1　第４次基本計画の策定方針
―首長の任期と完全に連動した計画システムに

　三鷹市は、第３次基本計画の計画期間満了を2010年度末に迎えるため、市の研究機関である「三鷹まちづくり総合研究所」に「第４次基本計画と市民参加のあり方に関する研究会（座長・中村陽一立教大学教授）」を設置するとともに（写真）、その提言を踏まえ、2010年２月に「第４次基本計画及び個別計画の策定等に関する基本方針」を策定した。

研究会で問題提起する清原慶子市長

　この基本方針では、第４次基本計画と個別計画のあり方とともに、計画策定における市民参加のあり方について定めている。

　まず、第４次基本計画の計画期間は、従前は10年間であったものを12年間とし、改定時期は市長任期と連動させて４年ごととした（図表26）。また、並行して策定や改定を行う個別計画も同様の仕組みとした。

　これまでの自治体総合計画は、計画期間や改定時期については1966年に当時の自治省の研究会が示した総合計

図表26 ・第４次基本計画の策定・改定の時期と市長選挙

年度	2011	2012	2013	2014	2015	2016	2017	2018	2019	2020	2021	2022
	○				○				○			
	第４次基本計画											
	前期				中期				後期			

○は市長選挙

画の基準モデルや、国や都道府県の計画との整合などが考慮されてきた。そのため、ローカルマニフェストを掲げた首長選挙が2003年の統一地方選挙以降に本格化したにもかかわらず、選挙で選ばれた首長の公約やマニフェストを迅速に総合計画に反映させる仕組みにはなっていなかった。

　そこで、三鷹市の次期市長選挙は2011年４月に行われ、現行計画の計画期間満了と時期が重なることもあり、研究会や市ではそれを市長任期に連動させたマニフェスト対応型の総合計画へ転換を図る好機として捉えた。

　また、12年間の総合計画とする意義であるが、マニフェストは１期４年の政策と目標を掲げることが中心となるため、都市計画道路整備や下水道更新といった都市インフラ整備などの長期的で「地味」な事業よりも、短期間で実現できる政策課題ばかりが列挙される懸念がある。そこで、12年間の総合計画とすることで、前期の４年間で実現する目標に加え、財政フレームも踏まえた長期の総合的なまちづくりのビジョンと達成目標を示すことができると考える。

2　総合計画と連動した個別計画
―基本計画と20を超える個別計画を同時策定

　一方、基本計画と個別計画の関係については、2006年施行の自治基本条例において「基本計画と個別計画との

整合及び連動を図る」と規定し、法令等の定めがあるものを除き、個別計画の目標年次や改定時期を基本計画と合わせてきた。その結果、20を超える主要な個別計画が第3次基本計画と同様に2010年度末で計画期間満了となる。そこで、第4次基本計画の策定とともに、多くの主要な個別計画の策定や改定を同時並行で進めるという、前例のない取り組みを行うこととした（図表27）。

図表27 ・基本構想・基本計画と個別計画の関連図
（第4次基本計画と同時策定・改定した個別計画一覧）

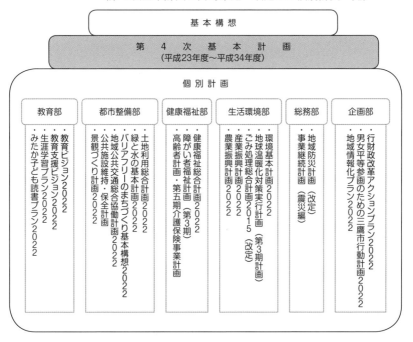

新たな基本計画の策定だけでも大変なことであり、加えて20を超える個別計画の策定を同時に進めることは三鷹市としても初めての取り組みであるが、一方でこれは、基本計画と個別計画の関連と役割分担を明確にする好機であると捉えた。基本計画では、施策の課題と取り組み

の方向、事業の体系と重点課題を明らかにし、個別計画
では、基本計画の体系に基づく各事業の目標、スケジュール及び詳細な取り組み内容を定めることによって、機能的な役割分担を図ることができると考えた。

　また、ローカルマニフェストに基づく計画づくりは、市長選挙と時期が一致した前回の第3次基本計画の第2次改定で行っているが、第4次基本計画において明確な仕組みとして確立するものである。加えて、総合計画だけでなく個別計画も首長任期に完全に連動させ、首長選挙の実施年度内に新たな計画を確定することとした。

3　計画素案を策定するプロセスと求められる能力
（1）計画素案策定のプロセス―選挙後1年で計画を確定

　第4次基本計画策定の市民参加は、後に述べるとおり2010年度から2011年度にかけて行われるが、段階的に計画素案を作る策定作業は市長選挙終了後の2011年4月から始まり、同年度末に計画を確定する。

　具体的には、4月の市長選挙後、当選した市長のマニフェストを反映させて6月に第4次基本計画の「討議要綱」を策定し、その次のステップとして9月には同計画の「骨格案」を、そして12月には「素案」を策定する。計画の「骨格案」や「素案」については市議会で「全員協議会」を開催して説明と質疑を行うとともに、各種の市民参加やパブリックコメントを行って次のステップに反映させ、年度末に計画の確定を行うのである（図表28）。

　また、個別計画についても同じ時期・ステップで「骨格案」や「素案」を作成し、基本計画と一体的に広報紙への掲載や市民参加を進めるのである。

　なお、第4次基本計画の確定は2011年度末であるが、計画期間の開始時期は2011年度としている。選挙後には

図表28・市長選挙後の第4次基本計画の策定の流れ

2011 年度											
4 月	5 月	6 月	7 月	8 月	9 月	10 月	11 月	12 月	1 月	2 月	3 月
市長選挙（統一地方選挙）	マニフェストを反映	第4次基本計画「討議要綱」の策定			第4次基本計画「骨格案」の策定			第4次基本計画「素案」の策定			第4次基本計画の確定
		議会報告と意見募集			議会報告とパブリックコメント			議会報告とパブリックコメント			議会報告

当選した市長のマニフェストを反映した取り組みも始まっており、その年度に進めた取り組みも基本計画に掲載して位置付けを行う。このように整理することで、総合計画と首長任期を完全に一致・連動させることができるのである。

(2) 新たな総合計画システムに必要とされること

　総合計画の策定は、他の自治体においては個別計画も含めて2〜3年かけるのが一般的である。またこれまでは、計画策定には一定の年月をかけて市民参加を進めることが良いとの意見もあったと思う。

　しかし、例えば選挙後に計画策定に2年をかけると、計画のスタート段階で首長の任期は半分終わってしまう

ことになる。首長任期と総合計画の連動を図るのであれば、必然的にスピーディーな計画策定が求められるのである。

　つまり、これからの計画策定における市民参加や職員参加は、効果的であるとともに、効率的なプロセスや仕組みで進めることが必要なのである。

　また三鷹市では、総合計画は計画行政の始まった時代から全て職員が執筆しているが、東京都内の自治体間で行ったアンケート調査によると、計画案の作成をコンサルタント会社に委託せずに、職員のみで対応している自治体は4分の1程度にとどまっていた。

　長期的な人口推計などの専門的な分析はともかく、まちづくりのあり方を決める総合計画の作成をコンサルタントなどの「外部」に委ねるのではなく、自治体ごとに多様な課題があるからこそ、市民参加と職員参加によって「自力」で計画を作成することが必要ではないだろうか。加えて、首長の任期と連動し、公約やマニフェストを速やかに反映する総合計画のシステムを運用するのであれば、そのような「独自能力」が一層求められるのである。

第3章 第4次基本計画の市民参加

1 多元・多層の開かれた市民参加
─三鷹市の市民参加の集大成をめざして

(1) 地域レベルと施策レベルでの参加

第4次基本計画策定の基本方針では、計画策定における市民参加の進め方についても定めている。そこでは、「計画は首長のマニフェストを迅速に反映させる仕組みとするが、他方で、首長のマニフェストだけで基本計画や個別計画が作られるべきものではない」としている。そして、「マニフェストに示されている政策の基本的方向性に加えて、市民の意見やニーズなどを的確に反映するために、これまで三鷹市が開発してきた様々な手法を駆使し、『多元・多層の開かれた市民参加』を進めることが重要である」としている。

第1章で述べたように、これまで三鷹市は計画策定において様々な市民参加を実践してきたが、第4次基本計画の策定では三鷹市の市民参加の集大成を図るために、これまで開発・導入してきた様々な参加の手法や仕組み、市民や市民団体等と築いてきたネットワークを最大限に活かすことを掲げたのである。

市民参加の取り組みを開始する2010年度は、「三鷹市の市民参加の原点」ともいえる住民協議会と連携した地域レベルの市民参加に注力し、コミュニティ住区ごとのワークショップやフィールドワークを進めた（P56写真）。

基本計画とともに、土地利用総合計画（都市計画マスタープラン）や緑と水の基本計画、景観づくり計画など

コミュニティ住区ごとのフィールドワーク

地域のまちづくりに直結する個別計画の改定や策定に取り組むことから、各住区での市民参加を進め、地域における課題の抽出と取り組みの方向性を明らかにした。

　また、地域レベルの市民参加に対して、各施策レベルの市民参加の取り組みとしては、福祉やまちづくり、教育など施策分野ごとに設置している市民会議や審議会で検討を進めた。2010年度は、各市民会議・審議会がそれぞれ所掌する政策分野に関して、第３次基本計画の対象施策と関連の個別計画について達成状況の検証と今後の課題の検討を行い、新たな計画の策定に向けた意見や提言を取りまとめた。そして翌2011年度は、第４次基本計画と個別計画の「骨格案」や「素案」について市民会議・審議会で検討を行い、意見や提案を次のステップに反映させる重層的な取り組みを進めた。

(2) データ集の作成と広報特集号の発行

　これらの市民参加に資するために、2010年度には『三鷹を考える論点データ集』と『三鷹を考える基礎用語事

「論点データ集」としては４回目の発行と
なる『三鷹を考える論点データ集2010』

典』の最新版を発行し、様々な場で活用している。

　また、全市民に対する情報提供としては、計画策定の
広報特集号を計３回発行し、全戸配布している。「骨格案」
と「素案」の号ではタブロイド版12ページで、計画確定
の号では同16ページとして、基本計画や個別計画の概要
や策定スケジュール、寄せられた主な意見や反映状況な
どを掲載している。

　特に骨格案の特集号では、広報紙にアンケートを折り
込み、第４次基本計画で重点政策とすべき課題などにつ
いての設問としている。アンケートの返信はこれまでに
なく多数寄せられ、前回の第３次基本計画第２次改定で
は約420通であったが、今回は3,050通余りの回答があっ
た。

　また、アンケートの回答による第４次基本計画への意
見・提案に関しては、東日本大震災の半年後の時期で

広報みたか・第4次基本計画骨格案特集号

あったことから震災関係が最も多くなると予想していたが、実際は道路や交通に関する課題が格段に多く、500件を超える意見が寄せられた。三鷹市民の日々の生活における道路や交通に関する課題の重要性や優先性を改めて認識し、次のステップの計画「素案」では、「都市交通安全」を「重点プロジェクト」として追加したのであった。

●これからの総合計画――人口減少時代での考え方・つくり方

第4章 無作為抽出の 市民討議会による市民参加

1　みたかまちづくりディスカッションの始まりと展開

　計画策定の2011年度の市民参加の取り組みの中で特徴的なものは、無作為抽出で選ばれた市民による市民討議会の開催である。この討議会を三鷹市では「まちづくりディスカッション」と呼んでいるが、第4次基本計画策定の市民参加におけるディスカッションで市としては4回目の実施となる。

　先に第1章では、「三鷹市の計画行政と市民参加の変遷」として第3次基本計画策定までの取り組みを紹介したが、まちづくりディスカッションは、その後に始まった新たな市民参加の方式である。三鷹市ではこのまちづくりディスカッションについても、回を重ねるごとに異なった討議テーマを設定したり、また実施方法も改良を重ねており、第4次基本計画策定のまちづくりディスカッションを説明する前に、これまでの取り組みから紹介したい。

　三鷹市は2006年4月に自治基本条例を施行したが、この自治基本条例で定めたパートナーシップ協定の規定に基づき、市と三鷹青年会議所（JC）が協定を締結し、同年8月に、行政が主催するものでは全国初となる無作為抽出による市民討議会「みたかまちづくりディスカッション」を開催した。

　このまちづくりディスカッションはドイツの市民参加手法である「プラーヌンクスツェレ（Planungszelle－計画細胞の意）」を参考としているが、今まで参加の機会がなかった市民の意見を聞くために、住民基本台帳か

ら無作為抽出で選んだ18才以上の市民1,000人に依頼状を送り、応諾した約50名の参加者によって、2日間にわたり「子どもの安全安心」をテーマに討議会を実施し、市への提言を行ったものである。

そして翌2007年には、計画づくりでは初めての実施となるが、この手法を第3次基本計画の第2次改定の市民参加において同規模で実施した。

検討テーマとしては、初日は「三鷹の魅力と課題」を共通テーマとし、2日目は「災害に強いまち」と「高齢者にも暮らしやすいまち」の2つのテーマに分かれてディスカッションを行った。その後、市民実行委員会が提言書をまとめて市に提出し、改定計画への反映を図ったのである。

また2008年には、国の計画によって市内に建設が予定されている東京外かく環状道路のジャンクション建設計画に関して、その課題と周辺のまちづくりのあり方をテーマとして実施した。建設地域の市民や利害関係者とともに、無作為で選ばれた市民が一緒になって100人規模で計4日間の討議会を開催し、建設的なまちづくりの提案をまとめているのである。

2 新たな取り組みも入れた第4次基本計画策定のまちづくりディスカッション

(1) 市民コーディネーター養成講座を開催

まちづくりディスカッションでは実施の前後で参加者にアンケート調査をしているが、3回を通して共通している回答の傾向としては、無作為抽出で選ばれた参加者はこれまで市政に参加したことがない人がほとんどであること。しかし、参加者の満足度はいずれの回も大変高く、参加者のほぼ全員がこのようなディスカッションを

今後も継続すべきだと答えている。また、今後も機会があれば市政に参加してみたいとの回答も多数となっており、まちづくりへの「気づき」の場になっているといえる。

　また、まちづくりディスカッションでは、参加者には謝礼を支払うとともに、参加者の要望に応じて保育サービスや手話通訳の対応も行い、働いている人や子育て中の人などにも参加しやすい環境づくりに努めている。

　さらに、三鷹市の市民討議会は行政主導ではなく、市とパートナーシップ協定を締結した市民実行委員会が、討議内容やプログラムを数カ月前から検討するとともに、当日の進行・運営や、事後の報告書の取りまとめまでを担っている[4]。しかし、相当のノウハウを要する実

第４次基本計画策定のまちづくりディスカッション・テーマ別討議

同・全体会

4　三鷹市の取り組みも含めた市民討議会の詳細については、篠藤明徳・吉田純夫・小針憲一『自治を拓く市民討議会－広がる参画・事例と手法』（2009年、イマジン出版）参照。

行委員会の役割を担うことができる市民は限られており、みたか市民プラン21会議の元メンバーや青年会議所の一部のメンバーが、毎回、実行委員となっていることが課題であった。

　そこで第4次基本計画の策定では、前年度に「まちづくりディスカッション市民コーディネーター養成講座」を開催した。これまでまちづくりディスカッションに関わりがなかった町会・自治会や商工会、農協（ＪＡ）の人たちなどに養成講座への参加を呼びかけ、約40名の市民が「模擬まちづくりディスカッション」の体験も含め5回の連続講座を受講した（図表29）。

図表29 ・まちづくりディスカッション市民コーディネーター養成講座プログラム

	内　容
第1回	・概要説明 「まちづくりディスカッションとは？」
第2回	・市民討議会の各地の事例研究と三鷹市の特徴
第3回	・第4次基本計画の策定とまちづくりディスカッションの位置付け及びテーマ決定の進め方
第4回	・模擬まちづくりディスカッションの実施
第5回	・模擬まちづくりディスカッションの振り返り ・交流会

　そして養成講座の受講者は、計画策定年度に立ち上がった実行委員会の委員となり、新たなメンバーとして本番のディスカッションの運営などでも大いに活躍したのである。

(2)「100人規模」・「4テーマの同時進行」で
　　討議会を開催

　2011年10月に2日間で開催した第4次基本計画策定の
まちづくりディスカッションは、第3次基本計画第2次
改定時の2倍の100人の規模とし、また検討するテーマ
も初の4テーマの同時進行で実施した。具体的には、9
月に策定した第4次基本計画の「骨格案」の中から重要
な課題として、「地域での支え合い」「災害に強いまち」
「活力と魅力のあるまち」、そして「環境にやさしいまち」
の4つを選んだ。

　2日間の日程のまちづくりディスカッションとして
は、時間やプログラム（図表30）はこれまでのディスカッ
ションに比べて参加者にもハードなものであった。

　しかし終了後の懇親会には、これまでは半数程度の出
席率であったのが今回は9割近い人が参加し、用意した
飲み物や食べ物がすぐになくなってしまったなどの「誤
算」はあったものの、参加者の笑顔を見ていると、充実
感や満足感はむしろ高まったのではないかと思った。

　そして、2日間のディスカッションで出された200を
超える意見や提案については、12月に策定した第4次基
本計画の「素案」や個別計画に反映させたのである。

図表30 ・第4次基本計画策定のまちづくりディスカッション
情報提供とグループ討議のプログラム

1日目（全体） **情報提供**	第4次基本計画策定における現状認識と三鷹市の取	
テーマ軸	A ともに支えあうまち 25人（5名×5グループ）	B 災害に強いまち 25人（5名×5グループ）
1日目（各グループ）		
情報提供 市の施策の現状	木住野一信 ・健康福祉部地域ケア 担当部長	大倉誠 ・総務部防災課長
討議テーマ①	今でも三鷹で人と人とのつながりが残っていると感じるのは、どのような時ですか？	3月11日の地震の時、あなたの身の回りでは、どのようなことが起こり、どんなことが困りましたか？
討議テーマ②	地域のつながりが希薄になると、何が不安なのか、あるいは何が困るのかについて話し合ってみてください。	3月11日の地震を振り返って、個人や家庭で、どんな備えをしておけばよかったと感じましたか？
2日目（各グループ）		
情報提供 学識経験者・専門家等	名和田是彦 ・法政大学法学部教授 畑谷貴美子 ・地域ケアネット新川中原地域会長	池上三喜子 ・財団法人東京YWCA 運営委員長 篠原秀和 ・三鷹の森学園コミュニティ・スクール委員会　副会長
討議テーマ③	「ともに支えあうまち」の観点から、三鷹市がどんなまちになったらいいと思いますか？	今後、大きな災害が起こった時、あなたや三鷹のまちのことで心配なことは何ですか？
討議テーマ④	「ともに支えあい、安心して暮らせるまち・三鷹」にするために、私たちができることはなんでしょう？（自助、共助）	私たちが「災害に強いまち・三鷹」をつくっていくために日常生活の中で取り組めることはなんでしょう？（自助、共助）
討議テーマ⑤	基本計画に折り込んだ方が良いと思うアイデアをまとめてください。（自助、共助、公助）	基本計画に折り込んだ方が良いと思うアイデアをまとめてください。（自助、共助、公助）

●これからの総合計画―人口減少時代での考え方・つくり方

り組みの方向性【一條義治・企画部企画経営課長】

C 活力と魅力のあるまち 25人（5名×5グループ）	D 環境にやさしいまち 25人（5名×5グループ）
鈴木伸若 ・生活環境部生活経済課長	岩崎好高 ・生活環境部環境政策課長
他のまちに住む人に「三鷹の魅力をアピールするつもりで話し合ってみてください。 ↓ 三鷹のまちの魅力や活力にとって足りないと思うところを話し合ってみてください。	三鷹市が環境面で優れていると思うのは、どのような時、あるいはどのような場所ですか？ ↓ 「環境にやさしいまち・三鷹」になるために足りないものや課題で、思いついたものをあげてください。
牧瀬稔 ・財団法人地域開発研究所 主任研究員 長島剛 ・多摩信用金庫 価値創造事業部長	矢内秋生 ・武蔵野大学環境学部教授 斉藤伸也 ・伊藤忠テクノソルーションズ㈱ スマートコミュニティ課長
みなさんが住みたいと思う「魅力と活力のある三鷹」とは、どんなまちでしょう。 ↓ 三鷹のまちの活力を維持・向上するために私たちができることはなんでしょう？（自助、共助） ↓ 基本計画に折り込んだ方が良いと思うアイデアをまとめてください。（自助、共助、公助）	「環境にやさしく持続可能なまち」の観点から、三鷹市がどんなまちになったらいいと思いますか？ ↓ 「環境にやさしく持続可能なまち・三鷹」を創るために私たちができることはなんでしょう？（自助、共助） ↓ 基本計画に折り込んだ方が良いと思うアイデアをまとめてください。（自助、共助、公助）

人口減少・低成長の時代の市民参加のあり方

　三鷹市では、2006年から実施してきたまちづくりディスカッションの経験から、市民会議・審議会についてもより多様な市民の意見の反映を図るために、2010年から無作為抽出による市民委員の選任の取り組みを進めている。

　具体的には、公募枠を設けている約30の市民会議・審議会について、無作為抽出した市民に市民委員候補者名簿への登録を依頼する。登録に同意する場合、「生活環境」や「教育」などの5分野から第2希望までを選んで回答してもらう。そして、同意のあった人について委員候補者名簿に登録し、新たに審議会等を設置する場合や欠員が生じた場合に候補者名簿から市民委員を選任する方式である。

　初年度は18歳以上の市民1,000人に依頼したが、市は、これまでの市民討議会の応諾率から想定して70〜80名程度の同意があれば成功と考えていた。しかし実際は、2週間の回答期限であったにも関わらず、予想を上回る111名の市民から名簿登録の同意があり、このような方式による市民参加の機会を拡充する必要性を改めて認識したのである。

　自治体におけるこれまでの市民参加のあり方は、審議会方式であれ全員公募の市民会議方式であれ、本人の「参加の意欲」や、仕事や家庭等の問題をクリアして時間を捻出できるなどの「参加しやすい環境」を備えた市民の参加であった。しかしこれからは、「声なき声」であった市民の意見を集め、「参加の意欲」や「参加しやすい

環境」がなかった市民についても「参加の機会と場」を
創出することについて、自治体はもっと積極的に取り組
む必要があると考える。

　また、人口が増加して経済も成長する時代の市民参加
は、これから建設する施設や新たに実施する施策について意見や要望を聞くなど、いわば市民にとっても「夢」
や「希望」のある市民参加であった。

　しかし、人口減少や低成長時代の市民参加においては、
公共施設の統廃合、行政サービスの廃止・見直しや市民
負担の増など、市民にとって厳しい選択を求めることが
多くなってくると考える。

　だからこそ、利害関係者だけにとどまらない「多元・
多層の開かれた市民参加」のあり方を、今後、一層考え
ていかなくてはならないのである。

おわりに（第１部・第２部の結びに）
～人口減少時代に総合計画を策定する意義と必要性～

　ここまで本書では、第１部において新たな総合計画策定に向けた庁内の政策研究の成果と問題提起を、第２部では第４次基本計画の構造や仕組み、また市民参加の実践などについて述べてきた。

　もちろん庁内の検討チームの報告書の内容と提案について、全てが計画に具体的に反映されたわけではないが、第４次基本計画は、人口減少・少子高齢化を迎える時代の計画として、これまでの計画と大きく異なっている点が多々ある。

　その一つが、計画の財政フレームである。計画の各素案作りに先だって策定した第４次基本計画の「討議要綱」では、新たな計画の財政フレームのあり方について、「これまでのような人口増加による税収増を前提とせず、『低成長時代』における緊縮財政を常に想定する計画とする」と掲げた。そして実際に確定した計画の財政フレームは、歳入・歳出の前期４年間の合計が2,622億円、同じく中期が2,582億円、そして後期が2,518億円と、これまでにはなかった「右肩下がりの縮小型」のフレームとしたのである（図表31）。

　しかし、それは計画期間内に三鷹市の人口が減少する

図表31・第４次基本計画の財政フレーム及び財政の見通し（普通会計ベース）

	前期				前期計	中期計	後期計
	平成23年度	平成24年度	平成25年度	平成26年度	平成23～26年度	平成27～30年度	平成31～34年度
歳入・歳出	660億円	683億円	640億円	639億円	2,622億円	2,582億円	2,518億円

ことに対応して「縮小型」としたのではない。むしろ、国による三鷹市の推計人口は微増すると予測し、市の独自推計（標準ケース）でも横ばいの見込みであった。つまり、少なくとも計画期間中は人口が減少しなくとも、少子高齢化の進行による厳しい財政見通しや不透明な景気動向を踏まえて、計画事業の徹底した精査と選択を行い、市として前例のない「縮小型」の財政フレームとしたのである。

ところで、昨今は、基本構想の策定義務が廃止されたこともあって、特に学識経験者には、総合計画の「不要論」や、策定する意義や必要性に疑問を投げかける意見も多々見受けられる。

また、基本構想の策定が地方自治法で定められた時は高度成長期で、自治体の人口や施策も拡大する時期であり、それゆえに「計画行政」の必要性も唱えられたが、人口減少時代においては総合計画の必要性はなくなってきたのであろうか。

筆者は、総合計画を策定する意義と必要性は、むしろ高まっていると考える。もちろん、その前提としては、これまでの総合計画の「考え方」と「つくり方」を転換する必要がある。

自治体が戦略を立てて向き合うことが必要な課題として、一つ目には、第1部でも述べたとおり、今後、自治体は、団塊の世代が全て後期高齢者となる「2025年問題」に象徴される、激増する後期高齢者への対応を中心とした高齢者福祉に取り組まなければならない。

二つ目には、逆説的な言い方となるが、高齢化が進むからこそ高齢化への対応にとどまるのではなく、持続可能な福祉サービスを提供できる経営基盤の確立に向けた取り組みが必要となる。つまり、「人や企業に選ばれる

自治体」を目指して、独自の子育て支援施策や産業施策、あるいは都市のブランディング戦略の展開によって他の自治体との差別化を図り、まちの活力と財政力・人材力の維持・向上を図るという、「2025年問題」への対応と合わせた、「二方面作戦」を進める必要がある。

　三つ目には、各自治体は高度成長期に整備した「都市基盤・都市施設の大更新時代」を迎えるため、今後の維持更新費を推計し、各施設の存廃も含めたあり方や維持管理に関する公共施設の「PRE戦略」の確立と推進を図る必要がある。

　今後、自治体は、このPRE戦略を加えた「三方面作戦」のあり方を検討する必要があるが、多くの自治体では東京都の推計のように都市施設の維持更新費のピークが「2025年問題」の時期と重なると見込まれる（図表32）。

　つまり、生産年齢人口が減少し歳入の伸びが見込めない一方で、いわば「人と施設のダブルの高齢化」という避け難い歳出の拡大要因に直面するなど、これまで経験のない未知の局面を迎えるのである。

図表32 ・東京都が管理する社会資本全体の維持更新費の推計結果

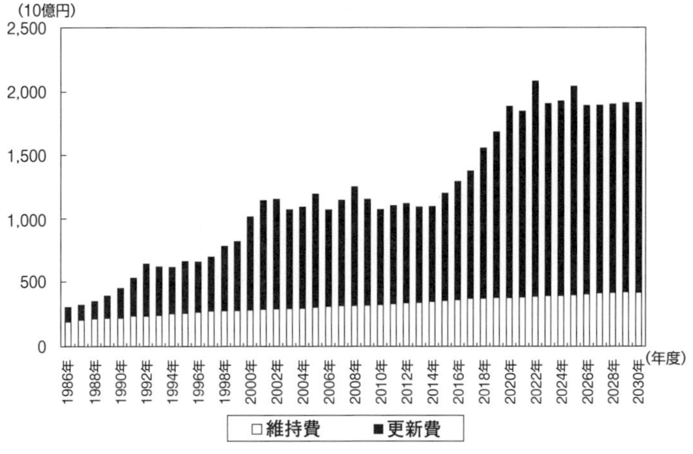

●これからの総合計画──人口減少時代での考え方・つくり方

このような、困難な、未知の局面にあたって「三方面作戦」のあり方を定め、自治体の未来と長期的なまちづくりについて市民・行政・議会が一体となって検討する「機会」や「場」として、総合計画の策定こそが最も相応しい「ステージ」なのではないだろうか。

　推計人口や歳入・歳出の財政フレームなどのデータを議論の基礎に位置づけ、ソフトの福祉からハードの投資的事業にいたるまで文字通り「総合的」に重要課題とその優先性を検討し、確かな政策論議を通してまちの将来構想たる総合計画を策定することが、今こそ必要であると考える。

　また昨今、多くの自治体の総合計画では、「サスティナブル都市（自治体）を目指す」という言葉も使われている。

　日本の傾向として「サスティナブル都市」は「環境問題に取り組んでいる自治体」と同じ意味で使われている。しかし、サスティナブル政策に先駆けて取り組んでいるEUの都市では、「サスティナブル（持続可能性）」を「環境保全」よりもはるかに広い概念の中で位置づけ、「環境問題」、「経済の活性化」、そして「社会問題の解決」までを包含している。さらには、貧困地区をなくし、都市の活力の維持を図るなかで、「都市の持続性を脅かすリスク」に対して徹底的に取り組むことに重きが置かれているのである。

　「サスティナブル」を総合計画に掲げるのならば、EUの都市と同様に、人口減少・少子高齢化や低成長時代における「自治体が直面するリスク」に正面から向き合い、まちの持続可能性を高めるそれぞれの「サスティナブル政策」を考え、実行することが必要であろう。

　また「人口減少時代」とは、これまでの人口や経済の

第4次基本計画、個別計画の策定等の経過

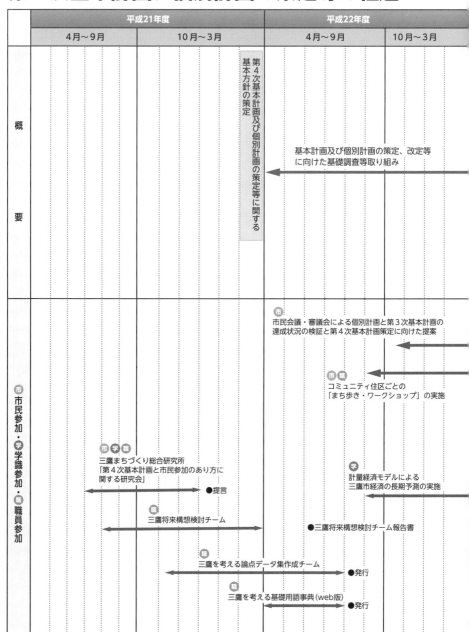

	平成21年度		平成22年度	
	4月～9月	10月～3月	4月～9月	10月～3月

概要

第4次基本計画及び個別計画の策定等に関する基本方針の策定

基本計画及び個別計画の策定、改定等に向けた基礎調査等取り組み

市民参加・学識参加・職員参加

🏙 市民会議・審議会による個別計画と第3次基本計画の達成状況の検証と第4次基本計画策定に向けた提案

🏙🏢 コミュニティ住区ごとの「まち歩き・ワークショップ」の実施

🏙🎓🏢 三鷹まちづくり総合研究所「第4次基本計画と市民参加のあり方に関する研究会」　●提言

🎓 計量経済モデルによる三鷹市経済の長期予測の実施

🏢 三鷹将来構想検討チーム　●三鷹将来構想検討チーム報告書

🏢 三鷹を考える論点データ集作成チーム　●発行

🏢 三鷹を考える基礎用語事典(web版)　●発行

●これからの総合計画──人口減少時代での考え方・つくり方

72

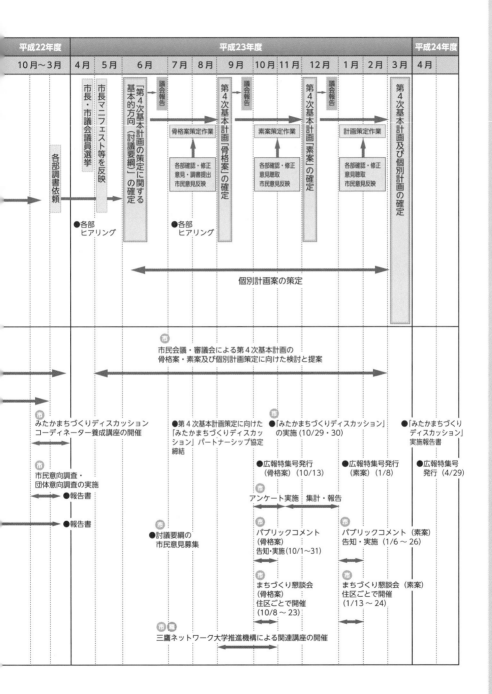

平成22年度		平成23年度										平成24年度
10月～3月	4月	5月	6月	7月	8月	9月	10月	11月	12月	1月	2月	3月	4月

市長・市議会議員選挙

市長マニフェスト等を反映

各部調書依頼

「第4次基本計画の策定に関する基本的方向《討議要綱》」の確定

議会報告

骨格案策定作業

各部確認・修正意見、調書提出
市民意見反映

第4次基本計画「骨格案」の確定

議会報告

素案策定作業

各部確認・修正意見聴取
市民意見反映

第4次基本計画「素案」の確定

議会報告

計画策定作業

各部確認・修正意見聴取
市民意見反映

第4次基本計画及び個別計画の確定

●各部ヒアリング

●各部ヒアリング

個別計画案の策定

市民会議・審議会による第4次基本計画の
骨格案・素案及び個別計画策定に向けた検討と提案

みたかまちづくりディスカッション
コーディネーター養成講座の開催

●第4次基本計画策定に向けた
「みたかまちづくりディスカッション」パートナーシップ協定締結

●「みたかまちづくりディスカッション」
の実施 (10/29・30)

●「みたかまちづくりディスカッション」
実施報告書

市民意向調査・
団体意向調査の実施

●報告書

●報告書

●広報特集号発行
(骨格案) (10/13)

●広報特集号発行
(素案) (1/8)

●広報特集号
発行 (4/29)

アンケート実施　集計・報告

●討議要綱の
市民意見募集

パブリックコメント
(骨格案)
告知・実施(10/1～31)

パブリックコメント (素案)
告知・実施(1/6～26)

まちづくり懇談会
(骨格案)
住区ごとで開催
(10/8～23)

まちづくり懇談会 (素案)
住区ごとで開催
(1/13～24)

三鷹ネットワーク大学推進機構による関連講座の開催

規模の拡大を目指す都市から、地球環境をはじめとする社会問題に深くアプローチし、社会的責任を果たすことができる都市への転換を図る時代でもある。欧米では、「Cities Growing Smaller」、すなわち「より小さく成長する都市」として、縮小都市化を、エネルギー浪費体質を改め、環境を重視しながら豊かさを追求するチャンスと考えはじめている。つまり、「縮小の対価として初めて得られる豊かさがある」との価値観に基づく都市政策への転換である。

　日本の自治体においても、この様な価値観を共有し、人口減少時代における地方分権に相応しいまちづくりを進めるためにも、市民と将来課題を共有し、自律的な自治の実践として、「未知の課題への対応指針」となりうる総合計画の策定に取り組まなければならない。

第3部（追補）　地方版総合戦略の 考え方・取り組み方

第1期の総合戦略と 人口ビジョンの考察

1　地方版総合戦略を「射程」に入れる背景

　2013年の本書初版の発行後、自治体の総合計画に少なからず影響する行政計画としてその策定が求められたのが、2014年に成立した「まち・ひと・しごと創生法」に基づく「地方版総合戦略」である。

　しかし、本書の目的は書名のとおり人口減少時代の「総合計画」のあり方についての考察と提案であり、一方、「地方版総合戦略」は5年間という時限的な計画で、その策定目的も「人口減少問題の克服」という限定的かつトピック的なものであるため、2015年の本書第2版の発行に当たっては「地方版総合戦略」についての加筆は特に行わなかった。

　しかしその後、国は2018年の6月に「まち・ひと・しごと創生基本方針2018」を閣議決定し、「地方創生」を2020年度以降も続けるとして、第1期の総合戦略に続く次の5か年の第2期総合戦略を策定するとしたのである。

　そして元号も令和に変わり、「まち・ひと・しごと創生基本方針2019」が6月に閣議決定されたのと合わせて、全国の自治体に対して、内閣官房地方創生総括官らによる次期の地方版総合戦略の策定を求める通知が発出

75

され、併せて地方版総合戦略及び地方人口ビジョンの策定の手引きも送付された。

　また、「まち・ひと・しごと創生法」では、自治体による地方版総合戦略の策定は「努力義務」となっているが、都道府県は全て策定を行い、市区町村で唯一未策定であった東京都中央区も2019年度中に策定する予定である。

　このように、地方版総合戦略は全ての自治体が策定する状況となり、総合計画に関係する行政計画としても無視しえないものになったと考え、今回の増補・改訂版では「射程」に入れ、言及することとしたのである。

　なお追補となる、この第3部の執筆は2019年11月末であり、翌12月の下旬とされている国の第2期の総合戦略と長期ビジョンの公表前であるが、これまでの国の方針や通知・手引き、そして検討資料等を踏まえ、第2期の地方版総合戦略と人口ビジョンのあり方について考察と提案を行うものである。

2　次期総合戦略策定を表明するも長期ビジョンの見直しは不明

　2014年制定の「まち・ひと・しごと創生法」に基づき、国は中長期の目標人口等を掲げた「長期ビジョン」と「国の総合戦略」を策定することが定められ、自治体はそれらを勘案して「地方人口ビジョン」と「地方版総合戦略」を策定することとされた。

　自治体の地方版総合戦略については、「遅くとも2015年度中に策定を」という国の要請どおり、ほぼ全ての自治体が同年度中に策定したため2019年度が5年間の計画期間の最終年度となり、そして国は、2020年度から始まる第2期の総合戦略と人口ビジョンの策定を自治体に求

めたのである。

　しかし国は、地方創生の「基本方針2018」で2018年の６月に次期総合戦略の策定をいち早く表明したが、一体的に策定した人口の長期ビジョンの見直しには一切言及していなかった。この点について筆者は、国は出生数・出生率の低下傾向に歯止めがかけられず、2017年公表の国立社会保障・人口問題研究所（社人研）の人口推計を見ても2060年の１億人の人口維持はかなり困難な目標となっており、しかし長期ビジョンの目標を変更するのは「地方創生」を看板に掲げた政権の評価に直結するから避けていると考えていた。

　そして、第２期の自治体の対応としては、このような国の姿勢・方針に付き合うことなく、直近のデータを見据えた人口ビジョンの的確な改定と、人口減少に対応する都市をつくる地方版総合戦略を策定するために、第１期の人口ビジョンと総合戦略を「抜本改定」することが必要であると考えていたのである。

3　国と合わせて「上方修正」した総合戦略・人口ビジョンの結果

　第２期の地方版総合戦略と人口ビジョンのあり方について提案をするに当たり、先ずは第１期の総合戦略と人口ビジョンの結果について振り返ってみたい。

　第１期において、まず国と自治体が目標を設定することが必要とされた2060年の人口について、社人研による国全体の人口推計では３割減少する8,674万人と予想していたが、国は長期ビジョンで２割の減少に抑えて１億人の人口維持を掲げ、自治体の人口ビジョンでも多数が２割減少として国の目標と一致させていた。

　しかしその後、2018年に公表された社人研による全国

の自治体の将来推計人口では、東京圏の人口集中と地方都市の人口減少がさらに顕著となり、早くも2045年には７割以上の市町村で人口が２割から４割以上減少するとの分析が出るなど、国の方針と合わせて目標人口を強気に「上方修正」した自治体に厳しい結果が突き付けられたのである。

そして、国との整合を図って「上方修正」した自治体の目標人口は、急速に回復すると見込む合計特殊出生率が前提となっている。

国は2020年に1.6、2030年に国民希望出生率の1.8、2040年に人口置換水準の2.07を回復するシナリオだが、やはり自治体も同じパターンの出生率の実現を掲げたところが多かった。

しかし実際の推移は、計画初年度の2015年は1.45で、2016年1.44、2017年1.43、2018年は1.42と「右肩下がり」の下落傾向が続き、最初の目標で2020年に達成するとした1.6は背中さえも見えない状況なのである。

また、ある市が設定した目標人口が県との整合が図られていないと明確な根拠もなく「上方修正」を求められたり、社人研の推計値の３倍ともなる目標人口を設定した自治体の首長からは、それは「行政の覚悟の問題」と説明がなされるなど、近年、盛んに唱えられているEBPM（Evidence Based Policy Making－根拠に基づく政策立案）などは見る影もなかったのである。

4　「集権型」の地方創生の仕組みと影響

このような国や県への追随も、「まち・ひと・しごと創生法」で、都道府県は国の総合戦略を、市町村は国と都道府県の総合戦略を「勘案」して地方版総合戦略を策定すると規定されており、また「市町村が都道府県の総

合戦略と整合しない戦略を立てることには問題がある」と内閣官房の担当が述べるなど[5]、総合戦略の策定が分権型のボトムアップではなく、集権型のトップダウンであることを裏付けている。

さらに、このような法の規定に加えて地方創生の交付金には、地方版総合戦略の策定時期・内容、対象事業の計画・目標等を踏まえて国が選別するものがあり、しかも財政状況の厳しい自治体にとって無視し得ない交付額であるため、なおさら国の意向に沿ったものになったと考える。

思えば、わずか1年程度の期間の中で、国や都道府県の総合戦略や審査に配慮し、あるいは交付金の獲得を考えて急ごしらえをした第1期の地方版総合戦略や人口ビジョンを再検証すれば、当然ながら「抜本的な見直し」が必要であろう。

5　総合戦略の策定手法と計画のあり方の問題
(1)「産官学金労言」の画一的な参加スタイル

地方版総合戦略と人口ビジョンの「内容」に加えて、もうひとつの問題は、戦略・ビジョンの策定手法とプロセスに係わる「策定のあり方」である。

国は第1期の地方版総合戦略の策定において、住民代表に加えて「産業界・行政機関・大学・金融機関・労働団体・言論機関（産官学金労言）」の代表者で構成する推進組織を設置し、この推進組織のもとで審議・策定するとともに、策定後は進捗管理することを自治体側に要請した[6]。

5　「まち・ひと・しごと創生法の解説（中）」『地方財務』2015年2月号、25頁。
6　2016年以降は、税理士・弁護士などの士業を加えて「産官学金労言士」となっている。

　しかし、これまで自治体は、総合計画の策定などで各種の市民参加の手法を取り入れ、例えば100人委員会やワークショップ方式、ICTを活用した参加手法など多様な実践を展開している。国から「産官学金労言」の画一的なスタイルを提示されなくとも、より地域の実情に見合った参加手法を用いて総合戦略を策定することができたと考える。

　しかし、ここでも国は交付金の審査に当たって、「産官学金労言の推進組織の設置・参画状況を重要な判断材料にする」としており、この「効き目」と思われるが、93％もの自治体が推進組織を設置して第1期の総合戦略を策定している[7]。

　このように、総合戦略の内容のみならず、策定のあり方においても国の要請に従う結果となったが、それは総合戦略の実行段階での問題にも関係してくるのである。

(2) 多様な参加方式で実効性を高める総合戦略づくりを

　総合戦略の策定で国から求められた「産官学金労言」の検討組織は、金融機関の支店や報道機関の支局などがない自治体では困惑したかもしれないが、国の審議会では「標準スタイル」なのである。

　しかし、国と自治体の決定的な違いは、国は審議会で内容を検討して計画を作ればおわりであるが、自治体は計画の策定後は、住民とともにそれを実行する役割・責務がある。つまり自治体では、計画の「策定過程」のあり方を、「実施過程」までも射程に入れて検討しなければならないのである。

7　『日経グローカル』2016年1月7日号、12頁。

三鷹市では第2部で述べたとおり、総合計画の策定において「多元・多層の市民参加」を実施してきた。改めて述べると、「地域レベル」の参加としては、各地域の自治組織（住民協議会）がフィールドワークやコミュニティ・カルテの作成などによって地域の課題を洗い出して市への改善提案をまとめる。また、「政策分野レベル」の参加としては、福祉・環境・まちづくりなど政策分野ごとにある市民会議や審議会が施策の課題を明らかにして担当分野の実施提案をまとめる。

　このほかに、まちづくりディスカッションや地域懇談会、個人・団体の意向調査、また条例に基づくパブリックコメントなどを総合計画の「骨格案」や「素案」で行い、多様な市民や団体の意見反映を行うのである。

　このような「多元・多層の市民参加」で多くの市民・団体が策定に関与することにより、行政の計画が初めて「我が事の計画」となり、実行段階でも当事者の視点を持ち、参加を促進することができるのである。

　しかし、国の要請のとおり「産官学金労言」の検討組織のみで策定した総合戦略については、計画は多くの市民にとって「他人事の計画」になってしまい、計画の実行段階で広範な参加を得られない問題が出てくるのである。

　そこで、第2期の地方版総合戦略の策定においては、国の意向にとらわれない、地域の現状と取り組みの実績に基づく多様な参加方式の導入によって、実効性を高める総合戦略づくりに取り組む必要があると考える。

（3）総合計画と一体として同時策定を

　また筆者は、地方版総合戦略は国が求める単独の計画として策定するよりも、総合計画と一体的に策定し、人

口の長期予測も含めて、総合計画の策定や改定と同時に行うべきものであると考える。

　三鷹市は2015年度が現行の第４次基本計画の第１次改定の年度であったため、第１期の総合戦略を基本計画に含めて、一体的に検討・策定することができた。

　しかし、三鷹市は12年間の基本計画を４年ごとに改定しているため、今回の第２期総合戦略の５年間の計画期間が、基本計画の計画期間とずれて収まらなくなってしまう問題が生じる。

　そこで、三鷹市では内閣府に対して第２期の総合戦略の計画期間を４年間としたい旨の意見を早い時期に提出し、「地域の実情に応じて『総合戦略』を策定する場合、必ずしも５年間の計画期間を必要とするものではない」との回答を得ている。

　そこで、2019年度中に行う第４次基本計画の第２次改定において、次期の第２期総合戦略を基本計画と同一の４年間の計画期間とし、基本計画と一体として策定を進めているところである。

第2章 第2期の総合戦略と人口ビジョンの提案

1 自治体は「必要な見直し」、国は「時点修正」という対応

　前述のとおり、第2期では国の方針に付き合うのではなく独自の対応を提案するのだが、実際に2019年6月に発出された一連の文書を見てみよう。

　まず、自治体の人口ビジョンについては基本方針と策定通知において、「最新の数値や状況の変化を踏まえた必要な見直し」が求められるとしている。さらに人口ビジョンの「策定の手引き」は、内容は2015年の前回の手引きを踏襲したとしているが、前回から変更した点として強調しているのが、「各団体で人口の社会増のみを追求した場合は国全体の人口の増加につながらないこと」、「外国人が多く、その増加が見込まれる団体は影響を留意すること」などが明示されており、いずれも現状を踏まえた的確な方向性であると思う。

　そして、2018年までは全く言及がなかった国の長期ビジョンについては、2019年の基本方針等で初めて第2期のあり方が示されている。それは、国の総合戦略は年内の12月に「改訂」するが、長期ビジョンについては「現在の人口等の見通しが第1期の当初時点における推計と大きく乖離していないことなどを踏まえ、時点修正など必要な検討を行う」としている。

　では、その「時点修正」は、どのような内容になるのか、策定に取り組む自治体側には気になるところであるが、6月の一連の文書には全く記載されていない。

　また、次期「地方版総合戦略」策定に向けて、国が主

催する説明会が９月から10月にかけて全国で開催され、参加した自治体からは「国の長期ビジョンの検討状況と内容」についての質問が出されたが、内閣官房の担当は「お示しできるものはない」と述べるにとどまっている。

　自治体の人口ビジョンは国の長期ビジョンを「勘案」して策定しなければならないとされ、国はその公表が12月下旬になるとしている。しかし、その一方で国は、第２期の地方創生を「切れ目なく」取り組むために、第１期の地方版総合戦略が終期となる2020年３月末までに、人口ビジョンと同年４月から始まる第２期の総合戦略の策定を自治体に求めているのである。

　余裕のないスケジュールの中でも真摯に取り組もうとする自治体担当者からの質問に、このような回答はいかがなものかとも思うが、国が「第２期『まち・ひと・しごと創生総合戦略』策定に関する有識者会議」に提出した検討資料をつぶさに見ていくと、「時点修正」の内容を推察することができる。

2　「希望値」が変わらないから「時点修正」に

　まず、「第２期『まち・ひと・しごと創生総合戦略』策定に関する有識者会議中間とりまとめ報告書」が2019年５月31日に確定しているが、長期ビジョンについては、「現時点では、若い世代の希望を反映した国民希望出生率の水準や、これが実現した場合等の人口等の見通しが、第１期『総合戦略』策定当時（2014年）の推計値と大きく乖離していないことを踏まえ、時点修正など必要な改訂を行うべきである」としている。

　また、それに先立つ４月22日の同有識者会議では、参考資料「将来の人口動向等について」が内閣官房まち・ひと・ひごと創生本部事務局から提出されている。

その中で、「我が国の人口の推移と長期的な見通し［暫定推計］」が当初の「2014年閣議決定時」との対比で提示された。2019年の暫定推計では、出生率が2030年に1.8、2040年に2.07まで上昇すると2060年の人口は約１億人となるとの見通しは当初の2014年閣議決定時と変わっていないのだが、当初は第１期最終年の2020年に出生率を1.6にする目標が、2019年の「暫定推計」では第２期最終年の2025年に1.6を達成すると変更されている。

続く「国の人口の動向等についての整理」において、５月末の有識者会議の報告書に記載される人口ビジョンを「時点修正」とする方向性とその理由が、すでにこの４月22日の事務局資料の段階で示されているのである。

このように、自治体の人口ビジョンに対しては「最新の数値や状況変化を踏まえた必要な見直し」を求めておきながら、国の長期ビジョンは、現実の出生率が「右肩下がり」が続く状況でも、国民の「希望・願望の値」である希望出生率が当初と変わっていないことをもって「時点修正」でよしとする対応は、あまりに違いすぎるところである。

また、当初は2020年に達成するとした出生率1.6の目標を「暫定推計」で2025年の達成目標としているのも、当初より毎年、実績値が下落しているという「最新の数値や状況変化」に関係なく、またなんら具体的な根拠もなく、単純に５年後の次期計画期間に先送りしたとしか見えず、やはり国が盛んに提唱しているEBPM（根拠に基づく政策立案）とは程遠いものと言わざるをえない。

さらに国は自治体に対して、「国の人口ビジョンの考え方やあり方は有識者会議で議論しており、検討状況等を随時、情報提供する」と表明していたが、ビジョンの「暫定推計」や「時点修正」の内容と妥当性については最後

まで議論されず、有識者会議は第2期の総合戦略と長期ビジョンに向けた「報告書」を取りまとめて終結してしまったのである。

　あえて善解すれば、「時点修正」の根拠として有識者会議の報告書の段階まで挙げられていた「国民希望出生率が変わっていない」との理由が6月の基本方針や策定通知・手引きでは書かれなかったことや、説明会で長期ビジョンの検討内容について「示せるものはない」と回答したことは、「時点修正」の理由と目標出生率の単純な5年先送りが、やはり「根拠に基づく政策立案」になっていないとの認識からであったかもしれない[8]。

8　2019年12月20日に閣議決定された国の長期ビジョン（令和元年改訂版）を見ると、「暫定推計」で提示されていた2025年の目標出生率1.6については、同年の出生率の記述自体が、説明資料を含めて一切なくなっていた。

　2014年の当初の長期ビジョンの時は、自治体へ送付した手引きにおいて、人口の将来展望は対象期間の終期だけでなく、地方版総合戦略の目標年次である2020年時点を記載することを求めていた。これに対応して、当初のビジョンには2020年の目標出生率1.6が明記され、多数の自治体が一斉にこれを「横引き」したのである。

　しかし今回は、2019年6月と12月に送付された手引きにおいて、同様の理由でいずれも2025年時点の記載を求めているにも関わらず、自治体が「勘案」するとされている国の改訂ビジョンに同年の目標出生率が全く記載されなかったことは、どのような理由なのであろうか。

　筆者は、「暫定推計」で示されていた2025年の目標出生率1.6を「根拠なき単純な5年先送り目標」と11月上旬及び12月中旬発行の地方自治専門誌（第一法規『自治実務セミナー』2019年12月号及び公職研『地方自治職員研修』2020年1月号）で重ねて批判してきたが、手前味噌で善解すれば、これらの指摘が反映されたとも言える。

　いずれにしても、第1期の地方版総合戦略の基本目標として最も多く設定された出生率を第2期でも設定する場合、もはや国の目標値を「横引き」する必要も根拠もなくなったわけであり、各自治体の自主的・自立的な判断が求められるところである（※本注釈のみ12月下旬の校正時に追記）。

3 根拠と説得力のある
　　本当に必要な総合戦略を策定しよう

　以上のことから、第2期に向けた自治体の取るべき方向性は明らかではないだろうか。

　国の戦略やビジョンを「勘案」するとして、実際は過度な「忖度」をした策定のあり方は、もうやめるべきである。また、国と同じ目標値とした県が、現実的な達成目標を設定した市に対して、県内で歩調を合わせるとして「上方修正」を求めた事例が複数の県であったが、このような「調整」もやめるべきである。

　今後、第2期の地方版総合戦略や人口ビジョンの原案や進捗状況を議会等で説明・審議する局面において、「なぜ当初の目標が達成できなかったのか、それが5年後に実現できる根拠は何なのか？」と問われ、困るのはそれぞれの自治体なのである。

　振り返れば、地方版総合戦略の基本目標として設定された出生率について、国と合わせて2020年に1.6の実現を掲げた自治体が多数であったが、例えば策定時に1.3前後の自治体が5年後に1.6を達成するというのは、国を挙げて出生率の向上に取り組んできたEU諸国でも成し得ていない上昇率なのである。

　議会や市民へ第2期の地方版総合戦略と人口ビジョンを提示するにあたり、第1期のものを抜本的に見直して、根拠と説得力のある戦略とビジョンを策定する必要があろう。

　また、第1期の地方版総合戦略の策定において、当時、国が自治体に出した通知では、「留意すべき事項」に加えて「施策の基本的方向の例」まで記載するとともに、具体的な事業でも踏み込み、地域経済の活性化策では「プレミアム付き商品券」を例示した。その結果、同様の傾

向の総合戦略が策定され、また、事業レベルでも98％の
自治体が全国横並びでプレミアム付き商品券を発行した
ことは、「苦い記憶」なのではないだろうか。

　加えて、厳しい現実に直面する各自治体の将来展望の
方策を示す地方版総合戦略のはずだが、内閣府や研究機
関の調べでは、民間のコンサルに委託せずに独力で総合
戦略を策定した自治体は15％程度にとどまっている。し
かも、地方版総合戦略を最も多く受託した上位10社は東
京などに本社がある全国系の大手法人であり、「地方創
生」が「一極集中」で取り組まれているという、笑えな
い構図になっているのである。

　結局、地方版総合戦略の作成を外部に委託してしまう
ことは、国や県に追随する無難な目標に収斂するととも
に、どのような根拠で目標を設定し、また、どのような
プロセスでそれが達成できるのか、説明できない結果と
なってしまうのである。

　「全国一律の施策を展開するのではなく、地方が自ら
考え、責任を持って取り組む」ことが「地方創生」の本
旨であると皮肉にも国の方針で述べられているが、第2
期の取り組みで求められるのは、自治体の自立的な発想
と自らの問題意識に基づき、本当に必要な総合戦略を策
定することであろう。

第3部の結びに
～「目的」でなく優れた政策の「結果」として　人は増える～

　筆者は、人口減少時代の総合計画のあり方とともに、人口減少時代における持続可能な都市のあり方について関心を持ち、以前から欧州の先進都市のコンパクトシティ政策について学ぶ必要があると考えていた。

　なかでも、フランスやドイツの先進都市では、1980年代からLRT（次世代型路面電車）を中心とした交通政策と都市計画によってコンパクトなまちづくりを進め、まちの再生と活性化に成功し、象徴的には「シャッター通り」がないといわれている。

　そこで、2017年の暮れから2018年にかけて単身渡欧して、フランスではまちづくりの「聖地」と呼ばれているストラスブールと、バス交通政策で都市公共交通ランキング1位となったディジョンを、ドイツでは「環境首都」と呼ばれているフライブルクの三都市を見聞した。

　内陸地方の寒さがこたえる冬の時期だったが、各都市

フランス・ストラスブール、ディジョン及びドイツ・フライブルクの位置図

に３日〜４日ずつ滞在して朝から晩まで街を巡り、人口減少時代の日本のまちづくりのヒントを探したのである。

　これらの先進三都市での見聞と調査の結果は、拙著『自治体行政マンが見た 欧州コンパクトシティの挑戦』で取りまとめている。これらの中小規模の地方都市において、活気あるコンパクトなまちづくりに成功した要因として、公共交通・財源・都市計画の「コンパクトシティ政策の３本柱」が重要であると学び、日本の自治体で取り組みを進めるための問題提起と提案を同書で行っている。

一條義治『自治体行政マンが見た 欧州コンパクトシティの挑戦〜人口減少時代のまちづくり・総合計画・地方版総合戦略のために』（第一法規・2019年）

　振り返って我が国を見ると、現在、特に地方都市で中心部の空洞化やシャッター通り化は「普通の光景」となり、避けられないものと思われている。

　しかし、筆者が渡欧して目の当たりにしたのは、日本と同様に人口減少が進むドイツで、首都圏から遠く離れた国境近くの「辺境の地」にあるフライブルクが自治体

をあげて先駆的な環境重視のコンパクトなまちづくりを進めた結果、欧州全域から環境関係の研究所や企業が進出して人口も増加するなど、街の活性化につながった成果であった。

同じく国境沿いの周辺部にあるフランスのストラスブールは、かつては「一度行ったら二度と行こうとは思わない街」とまで言われた車中心の空洞化の進む寂れた都市から、LRTの導入によって都市全体を「歩行者中心の公共空間」とするまちづくりにより、にぎわいと活力あるコンパクトシティとして街の再生を成し遂げ、その政策と手法は瞬く間にフランス全土に広がったのである。

そして、筆者が見聞したこれらの独仏の先進自治体の計画には、「人口の維持・増加を目指す」などとは一言も書かれておらず、また、そのようなことを口する職員に最後まで出会うこともなかった。

つまり、理念やビジョンに基づくまちづくりを一貫して進めた「結果」として、人や店舗・企業が集まり、人口が増加したのである。

真摯な取り組みが都市のあり方そのものを変えてきた欧州の地からかえりみたとき、明確な理念やビジョンもなく、「最上位の目標」として人口の維持・増加を掲げた国内の総合戦略を見ると、根本的な疑問を抱かざるを得ないのである。

人口減少を直視し、コンパクトで活力ある都市や持続可能な都市のあり方について自治体を挙げて議論し、第2期の総合戦略に掲げることが、今こそ必要であると考えるのである。

あとがき

　私事で恐縮だが、大学に入った頃、私は自治体職員ではなく新聞記者を志していた。３年生になった時に、都市政策を学ぶ大原光憲先生（中央大学法学部教授・当時）のゼミに入ったが、ほどなくゼミの飲み会があった。その時たまたま先生の隣に座った私は、自分が記者志望であることを先生にお話した。

　先生はニコニコしながら私の話を聞き終え、次のようにおっしゃった。「一條君な、新聞記者になって人が作った政策を批判するのも大事だけど、自治体に入って、自分で政策を作る方がもっと面白いぞ」。

　それから毎週ゼミでは、これからの都市政策や自治体改革、市民自治のあり方などを活発に議論した。ゼミの合宿の時には、先生の影響を受けて自治体職員となったＯＢの方たちも多数参加されるのであるが、合宿の議論の中で先輩たちが語る現場の実践報告に大いに刺激を受け、その後にＯＢの方が紹介してくれた研究会などにも参加するようになっていった。

　こうした流れの中で、いつしか私はすっかり「洗脳」されて、「進路変更」をすることになったのである。

　しかし４年生になった時、私は「いずれは自治体職員になるとしても、もう少し自治行政学を勉強したい」と大学院進学を考えるようになった。そこで大原先生に相談すると、先生はご自身の次の世代のエキスパートとして、早稲田大学の寄本勝美先生（早稲田大学政治経済学部教授・当時）を紹介してくださった。

　大学院修士課程の２年間は、寄本先生のもとで自由にのびのびと勉強させていただいた。また大学院修了時には、私は就職先として三鷹市を選んだが、寄本先生はそ

のことを大変喜んでくださった。

　それから役所に入って20年が過ぎ、様々な経験を重ね、課長職にもなった。かつて自分が学生だった頃、現場で活躍する先輩たちから大きな影響を受けたように、今度は私がＯＢの立場で大学のゼミや合宿に参加して、自治体での仕事の面白さや課題について伝える番である。

　しかし、大原先生は私が役所に入って程なくして病気で亡くなられてしまい、結局、ＯＢの自治体職員として大原ゼミに参加するという私の希望をかなえることはできなかった。

　一方、寄本先生は退官の年を迎え、2011年１月に早稲田の大隈講堂で最終講義が行われると聞き、私は卒業後に初めて大学を訪れて先生の最終講義を聴講した。しかしその２か月後に、先生は退官の日を迎えることなく急逝してしまわれたのである。

　お二人の先生には、私の初の単著となる本書を真っ先にお渡しし、ご意見をお伺いしたかった。この本をお二人にお届けすることが出来ないのが残念でならない。もしも読んでいただけたなら、きっと至らない点や不十分な点をいろいろと指摘してくださり、でも笑顔で、努力は褒めていただけたのではないかと思うのである。

　この道に導いてくださった、今は亡き二人の恩師に深い感謝の気持ちを込めて、心の中で本書をお贈りしたいと思う。

2013年９月

一條 義治

関係資料

　次の関係資料は、全文を三鷹市のホームページに掲載しています。

・三鷹市基本構想（2001年9月議決）
・三鷹市自治基本条例（2006年4月施行）
・第4次三鷹市基本計画（2012年3月）
・三鷹を考える基礎用語事典（2010年7月）
・三鷹を考える論点データ集（2010年8月）
・三鷹まちづくり総合研究所「第4次基本計画と市民参加のあり方に関する研究会」提言（2010年1月）
・第4次基本計画及び個別計画の策定等に関する基本方針（2010年3月）
・第4次三鷹市基本計画策定に関する基本的方向【討議要綱】（2011年6月）
・第4次三鷹市基本計画骨格案（2011年9月）
・広報みたか・第4次基本計画骨格案特集号（2011年10月）
・第4次三鷹市基本計画素案（2011年12月）
・広報みたか・第4次基本計画素案特集号（2012年1月）
・第4次基本計画策定に向けた「みたかまちづくりディスカッション」実施報告書（2012年3月）
・広報みたか・第4次基本計画、個別計画特集号（2012年4月）

著者紹介

一條 義治（いちじょう よしはる）
三鷹市総務部調整担当部長

【略歴】

1991年、早稲田大学大学院政治学研究科修士課程修了後、三鷹市に入庁。生活文化部コミュニティ課、総務部政策法務課、小平市企画財政部企画課（派遣）を経て、2000年より企画部企画経営課。

同課では、総合計画、行政評価、自治基本条例、ファシリティ・マネジメント等を担当し、2011年は企画経営課長として第4次基本計画の策定を担当。

2012年より総務部政策法務課長。2015年より総務部調整担当部長兼同課長事務取扱として、条例整備等の政策法務と訴訟・審査請求等の争訟法務を所掌。現在に至る。

【単著】

・『自治体行政マンが見た 欧州コンパクトシティの挑戦―人口減少時代のまちづくり・総合計画・地方版総合戦略のために』（第一法規 2019年）

【書籍分担執筆等】

・「コミュニティ行政20年の軌跡と課題」（自治体学会編『分権型社会の行政手法』良書普及会 1995年）
・「民間事業者と創る「新しい公共」の理念と実践」（『実践・行革事例集』公職研 2003年）
・「新しい総合計画論」（北川正恭・縣公一郎・総合研究開発機構（NIRA）編『政策研究のメソドロジー―戦略と実践』法律文化社 2005年）
・「三鷹市におけるアウトソーシングの軌跡と課題」（市場化テスト推進協議会編『市場化テスト』学陽

書房 2007年）
- ・「『指定管理者制度ありき』ではない多様な公共サービス提供手法の選択のために」（『指定管理者　再選定のポイント』公職研 2008年）
- ・「転換期における自治体総合計画の課題と展望」（寄本勝美・小原隆治編『新しい公共と自治の現場』コモンズ 2011年）
- ・「政策実施主体の選択と留意点」（『自治体政策づくり読本』公職研 2011年）

【連載稿】
- ・「欧州コンパクトシティを訪れて、見たこと、聞いたこと、感じたこと」（『自治実務セミナー』2018年7月号～12月号 第一法規）
- ・「欧州コンパクトシティ見聞録」（『地方自治職員研修』2018年7月号～12月号 公職研）

【主な出講先】
自治大学校、市町村職員中央研修所(市町村アカデミー)、全国市町村国際文化研修所（JIAM）、東京都市町村職員研修所、総合研究開発機構（NIRA）、自治体議会政策学会(COPA)、日本経営協会(NOMA)、日本生産性本部、自治体総合フェア、各自治体・大学等

お問い合わせ・連絡先

E-mail : joe@kud.biglobe.ne.jp

●これからの総合計画――人口減少時代での考え方・つくり方

コパ・ブックス発刊にあたって

　いま、どれだけの日本人が良識をもっているのであろうか。日本の国の運営に責任のある政治家の世界をみると、新聞などでは、しばしば良識のかけらもないような政治家の行動が報道されている。こうした政治家が選挙で確実に落選するというのであれば、まだしも救いはある。しかし、むしろ、このような政治家こそ選挙に強いというのが現実のようである。要するに、有権者である国民も良識をもっているとは言い難い。

　行政の世界をみても、真面目に仕事に従事している行政マンが多いとしても、そのほとんどはマニュアル通りに仕事をしているだけなのではないかと感じられる。何のために仕事をしているのか、誰のためなのか、その仕事が税金をつかってする必要があるのか、もっと別の方法で合理的にできないのか、等々を考え、仕事の仕方を改良しながら仕事をしている行政マンはほとんどいないのではなかろうか。これでは、とても良識をもっているとはいえまい。

　行政の顧客である国民も、何か困った事態が発生すると、行政にその責任を押しつけ解決を迫る傾向が強い。たとえば、洪水多発地域だと分かっている場所に家を建てても、現実に水がつけば、行政の怠慢ということで救済を訴えるのが普通である。これで、良識があるといえるのであろうか。

　この結果、行政は国民の生活全般に干渉しなければならなくなり、そのために法外な借財を抱えるようになっているが、国民は、国や地方自治体がどれだけ借財を重ねても全くといってよいほど無頓着である。政治家や行政マンもこうした国民に注意を喚起するという行動はほとんどしていない。これでは、日本の将来はないというべきである。

　日本が健全な国に立ち返るためには、政治家や行政マンが、さらには、国民が良識ある行動をしなければならない。良識ある行動、すなわち、優れた見識のもとに健全な判断をしていくことが必要である。良識を身につけるためには、状況に応じて理性ある討論をし、お互いに理性で納得していくことが基本となろう。

　自治体議会政策学会はこのような認識のもとに、理性ある討論の素材を提供しようと考え、今回、コパ・ブックスのシリーズを刊行することにした。COPAとは自治体議会政策学会の英略称である。

　良識を涵養するにあたって、このコパ・ブックスを役立ててもらえれば幸いである。

自治体議会政策学会　会長　竹下　　譲

COPABOOKS
自治体議会政策学会叢書

これからの総合計画
―人口減少時代での考え方・つくり方―

2013年10月22日　　初版発行
2015年 6 月30日　　 2 版発行
2020年 1 月25日　　増補・改訂版発行

著　者　　一條　義治ⓒ

発行人　　片岡　幸三

印刷所　　今井印刷株式会社

発行所　　イマジン出版株式会社

〒112-0013　東京都文京区音羽1-5-8
電話　03-3942-2520　FAX　03-5227-1826
http://www.imagine-j.co.jp

ISBN 978-4-87299-838-2 C2031 ¥1000E